영어의 구구단 외우기

저 자 | 안희배 (캘리포니아 주립대 석사, 텍사스 주립대학교 박사)
편집자 | 최흥석
감수자 | 김진호
발 행 | 2025. 06. 13
펴낸곳 | 이탑출판
ISBN | 979-11-979409-1-0(93730)

영어의 구구단 외우기
4가지를 동시에 해결하는 방법

① 듣기 (Listening)
② 말하기 (Speaking)
③ 읽기 (Reading)
④ 쓰기 (Writing)

구구단

**10년을 해도 안되는 영어! 무엇이 문제인가요?
시제의 활용이 영어의 전부다!**

영어공부 절대로 눈으로 하지 말고
반드시 입으로 하라~

이탑출판

영어공부의 혁명
[영어의 구구단을 외워야 하는 이유]

서문

대한민국 영어교육 이제는 바꿔야 산다.
우리나라는 경제 발전을 비롯하여 모든 분야가 급격하게 발전하여 왔다. 교육분야도 급격하게 발전하여 왔다. 하지만 아직까지 선진국에 비하여 창의성 교육은 현저하게 떨어져 있는 교육 방법이다.
특히 교육 분야 중에서도 가장 발전이 안 된 분야가 영어교육 분야이다.
가장 비경제적이고 비효율적인 분야가 영어교육 분야이다. 세계에서 영어를 가장 못하는 나라가 한국과 일본이다. 이유는 일제 식민지 시대의 일본의 영어교육 방법을 지금까지 답습해 오고 있기 때문이다.

영어는 말 그대로(literally) 언어이다. 모든 언어는 우선 듣고 말하는 것이 병행되어야 하고 다음이 읽기 이고, 마지막 과정이 쓰기 이다.
그런데 우리나라 영어교육 방법은 거꾸로 이다. 80%의 과정이 읽기(reading comprehension)에 치중되어 있다. 왜냐하면 영어교육이 대학 입시에 치중되어 있기 때문이다. 우리나라 영어교육의 실정을 살펴보면 영어교육의 목적이 대학 입시 수능 점수 획득이 목표이다. 수능 영어 실정을 보면 듣기 테스트가 있긴 하지만 아직까지도 80%가 독해에 치중되어 있고, 듣기는 형식적인 테스트에 불과하고, 말하고 쓰기 테스트는 아예 없는 실정이다.

언어의 네 가지 영역은 듣기 말하기 읽기 쓰기(Listening, speaking, Reading Comprehension, Writing) 이다. 영어교육의 순서도 Listening→speaking→ Reading Comprehension→Writing의 순서로 하여야 한다. 그러나 한국의 영어교육은 순서도 지키지 않고 오로지 수능 영어 테스트를 위한 reading에만 치우쳐 있다. 이러므로 말미암아 대부분의 학생들이 영어 공부를 10년 이상 하고도 미국 사람과 5분 이상 대화를 못하는 수준이고, 다른 나라 초등학생 수준의 실력도 안 되고 있다. 이러한 영어교육 방식으로 공부한 선생님이 학생들을 가르치고 하는 악순환이 계속 일어나고 있다. 이러한 언어교육은 언어도단의 문제인데도 불구하고 이러한 심각성을 제기하는 교육자가 없다는 사실이 더 심각한 문제인 것이다.

많은 사람들이 한국의 영어 공부의 문제점이 문법 위주로 영어 공부를 해서 듣기 말하기 쓰기가 안 된다고 주장하고 있다. 그러나 이러한 주장의 논리는 완전히 잘못된 것이다. 영어에 있어서 문법은 네 가지 모든 영역에 기초가 되고 기본이 되는 것이다. 문제점은 한국의 영어 공부는 문법을 Reading Comprehension에만 이용하고 Listening, speaking, Writing에는 사용하지 않기 때문이다. 하루 영어 공부하는 시간 중에 Listening, speaking, Writing에 얼마나 시간을 할애해서 연습하느냐는 것이다. 대부분 조용한 도서관에서 reading에만 몰두하고 있는 실정이다.
영어 공부에 있어서 제일 중요한 것은 귀와 입을 이용해서 listening, speaking 연습을 계속해서 해주어야 한다.

한국 학생들의 영어 공부 문제점은 영어 문법 공부를 10년 이상 하고도 숙달을 못 시키고 계속 문법 공부를 하고 있다는 점이다.

문법을 크게 나눠보면 ①시제 ②부정사 ③동명사 ④분사구문 ⑤수동태 ⑥가정법 ⑦화법 ⑧관계 대명사 ⑨관계부사 ⑩접속사 정도이다.

위에 10가지 중에서 7가지는 동사의 변화에서도 시제 분야가 제일 중요한 부문이다. 왜냐하면 시제는 시제 자체뿐만 아니라 부정사 동명사 분사구문 수동태 가정법 화법에 모두 사용되기 때문이다. 이 시제만 정확히 이해하고 활용할 수 있으면 영어 문법의 70%인 부정사 동명사 분사구문 수동태 가정법, 화법이 해결될 수 있는 것이다. 시제의 변화만 제대로 이해하면 3개월 만에도 문법의 70%가 해결될 수 있는 것이다. 왜 모든 학생들이 문법 공부를 10년 이상 하는지 이해가 안 간다. 정확히 체계적으로 공부하지 않고 활용을 하지 않기 때문이다.

건물 짓는 순서로 말하면 시제 공부를 정확히 하고 나서 이 시제를 이용하여 부정사 동명사 분사구문 수동태 가정법 화법 공부를 하며 이것이 건물 짓기에 기초 토목공사가 되고, 다음에 관계 대명사 관계 부사 접속사를 사용하여 건물에 기둥을 세우고 나머지 명사 형용사 부사 전치사를 사용하여 건물 내부의 인테리어 작업을 하는 것이다. 건물도 이러한 순서를 지키지 않으면 건물이 버티지 못하고 계속해서 무너지는 사상누각이 되는 것이다. 영어 공부도 건물 짓는 원리와 순서를 지켜야 되는 것이다.

많은 학생들이 영어 공부하는 데 있어서 기초공사를 3분의 1도 안하고 기둥도 세워 볼려고 하고, 기둥도 다 세우지 않고 내부 인테리어도 하다가 건물이 무너지니까 다시 기초공사도 해보고 하는 엉망진창의 영어 공부를 하니까 10년 이상 영어 공부를 하고도 영어의 기초를 못 갖추는 것이다.

대한민국 영어 교육의 실태를 살펴보자 한국 사람들이 1년에 사교육비에 투자하는 비용이 20조 원이 넘는다고 한다. 그중에서 10조 이상을 영어 사교육비에 투자한다고 한다. 그럼에도 불구하고 십년 이상 공부한 한국 학생들의 영어 실력은 어떠한가 한심한 수준이다. 아프리카도 이런 영어교육을 하고 있지 않다. 10년 이상 공부한 우리나라 학생들이 영어 듣기 말하기 수준은 아프리카 초등학생 수준도 안 된다. 우리나라 모든 분야에서 가장 뒤떨어진 분야가 영어 분야이다. 경제 원리는 minimum input, maximum output이다 그러나 한국의 영어교육은 maximum input, minimum output이다. 가장 비경제성이 존재하는 분야이다.

이러한 영어의 구구단을 외우기 위해서는 앞에서 언급하였듯이 시제의 개념을 정확히 이해하고 활용하여야 한다. 시제를 구분해주기 위해서 영어의 동사에 있어서 be동사든 일반동사든 현재형, 과거형, 과거분사형의 세 가지 형태가 있다. 이 세 가지 형태의 동사를 입으로 활용할 수 있어야 한다. 우리나라 많은 학생들이 동사의 현재형 과거형은 어느 정도 활용하지만 과거 분사 형은 거의 활용하지 못하고 있다. 이것을 이해하려면 왜 과거분사 형이 만들어졌고, 과거 분사 형의 활용법을 이해하고 입에서 튀어나와야 한다. 한국 학생들의 취약점이 과거형 현재 완료형 과거 완료형의 활용을 잘 구분해서 사용하지 못하는 데 있다.

과거 분사의 활용법에 대하여는 이 책에서 자세히 설명하기로 한다. 처음에는 과거분사 활용이 복잡하고 어렵게 생각되지만 영어 공부를 하기 위해서는 피할 수 없는 과제인 것이다. 많은 학생들이 복잡하고 어려운 것은 피하려고 하고 쉽게 어떻게 공부하는 법을 찾으려고 하는데 어느 분야이든 쉽게 달성할 수 있는 방법은 없다. 영어 속담에 No pain, no gain.이란 말이 있다. 무엇인가 얻기 위해서는 반드시 고통이 따른다는 것이다. 이 책으로 공부하는 모든 이들은 이 말을 명심하고 고통을 인내하면서 꾸준히 열심히 하면 빠른 시일 내에 만족스러운 성취감을 느낄 것이다. 영어구구단을 입으로 외우는 일에 정진해주길 간절히 바라는 바입니다. 그리고 이책이 출간되기까지 옆에서 열정 어린 조언과 격려를 해주신 김진호 원장님과 최흥석 실장님께 감사를 드립니다.

2025. 4. 안 희 배 드림

가장 효과적인 영어 공부 방법 (인체의 혈액 순환방법)

- **01 몸통찾기** 음식먹기
- **02 깃털찾기** 소화시키기
- **03 다지기** 혈액 만들기 : native는 이 과정이 습관상, 환경상 자동적으로 되지만, 외국인은 억지로 해줘야 한다. (여기에 필요한 것이 영어의 구구단이다.)
- **04 활용하기** 혈액순환 (다지기 하지 않고 깃털 찾기에서 활용하기로 건너뛰기가 안 된다.)

영어 건물 짓기

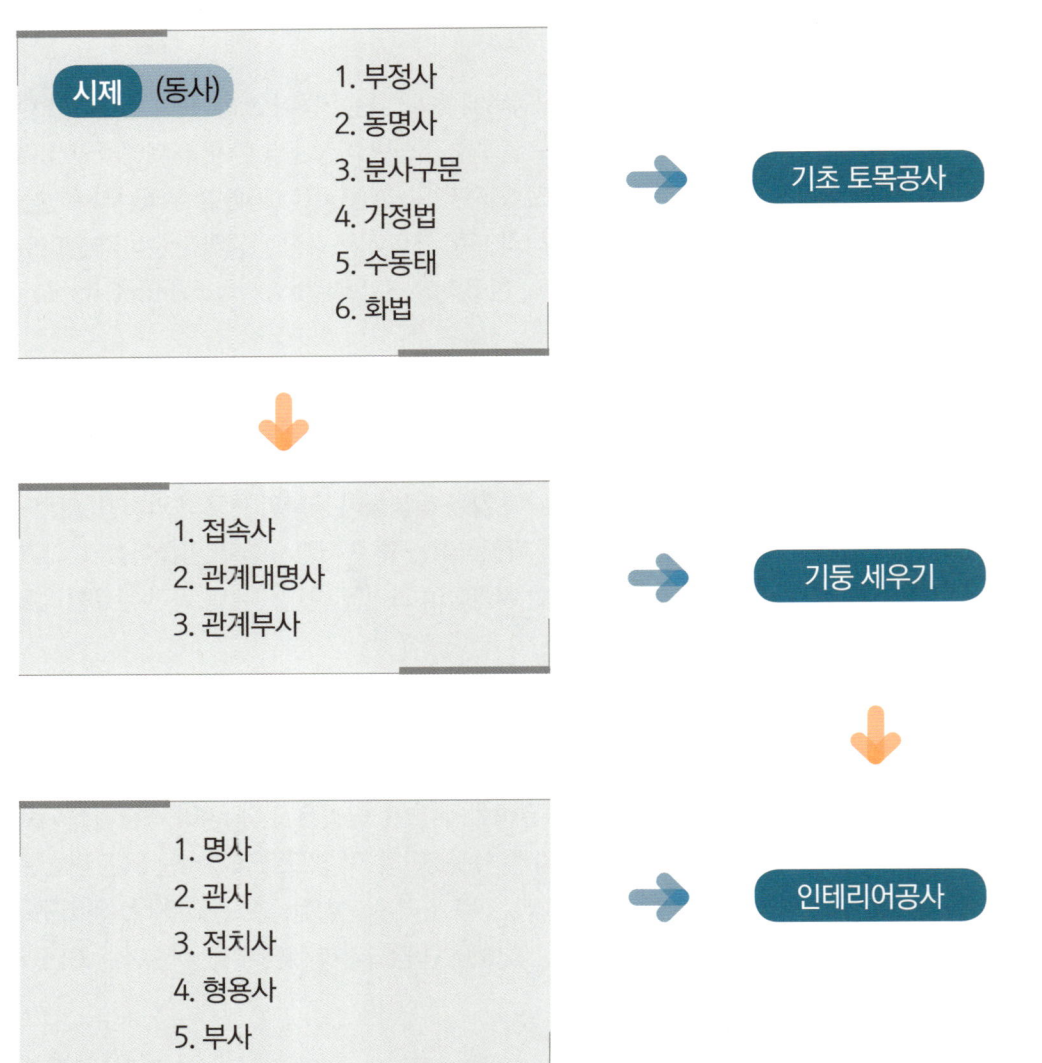

가장 중요한 것은 영어의 듣기 와 말하기 인데, 듣기 와 말하기는 머릿속에서 생각할 시간이 없다. (It is a matter of timing.)

한국 사람들의 듣기와 말하기는 입에서 바로 튀어나오는 것이 아니라 머릿속에서 영작을 거쳐서 나오는 수준이다. 그러니까 말 할 시간도 놓치고 자신감이 떨어져서 외국인 만나는 것이 자신감이 없고 두려운 것이다.

듣기도 마찬가지이다. 문장을 통째로 알아들어야지 단어별로 알아 들어선 시간상 불가하다. 생각하지 않고 알아듣고 말하기 위해서는 영어의 Frame이 머릿속에 박혀 있어서 생각 없이 입에서 튀어나와야 한다. 그러기 위해서는 영어의 구구단을 입으로 외워서 수학의 구구단 같이 한번 외워 놓으면 머리 속에서 생각 없이 입에서 튀어나오고 평생 잊어버리지 않고 사용할 수 있기 때문이다.

영어의 구구단은 첫째, 12가지 시제의 문장이 생각 없이 입에서 튀어나와야 한다. 구구단은 Be동사가 사용된 구구단, 일반동사가 사용된 구구단, 조동사가 사용된 구구단 3가지가 있다. 그리고 두 번째는 모든 시제의 문장에서 긍정문, 부정문, 의문문의 문장이 구구단 같이 입에서 튀어 나오게 입으로 연습해야 한다. 세 번째는 각 시제의 문장에 있어서 능동태, 수동태 문장이 구구단 같이 입에서 튀어 나와야 한다.

미국 사람들(natives)은 어려서부터 환경과 생활습관에 의하여 이러한 영어의 구구단이 어려서부터 머릿속에 형성되어 있어서 입에서 자동으로 튀어나오지만, 외국인은 이 영어의 구구단을 억지로 외워주지 않으면 세상없어도 10년 이상 영어 공부를 해도 영어의 구구단이 머리속에 형성되지 않아서 자동적으로 입에서 튀어나오지 않는다.

영어 구구단 발생 경로

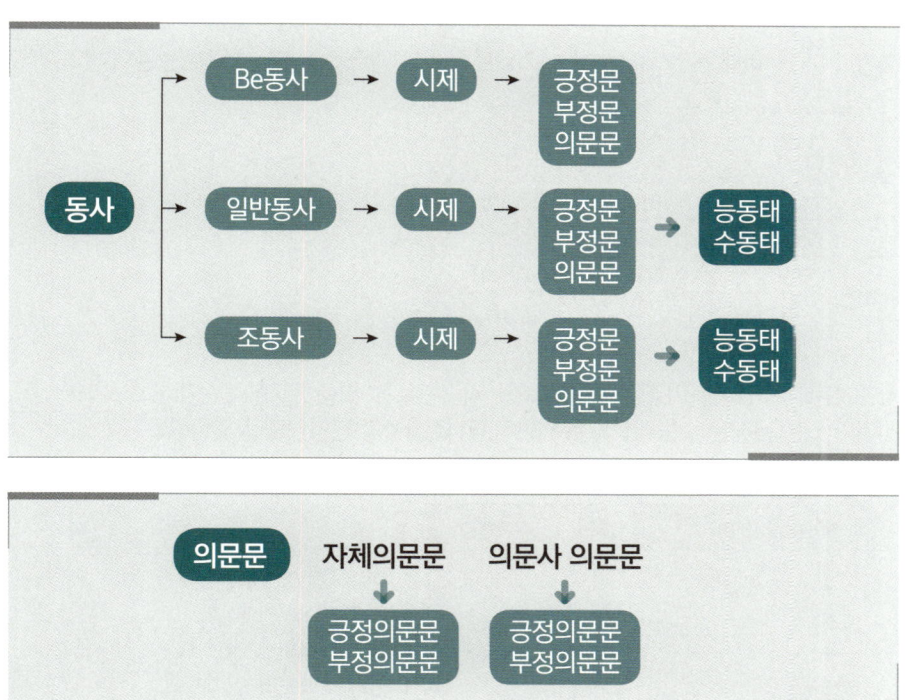

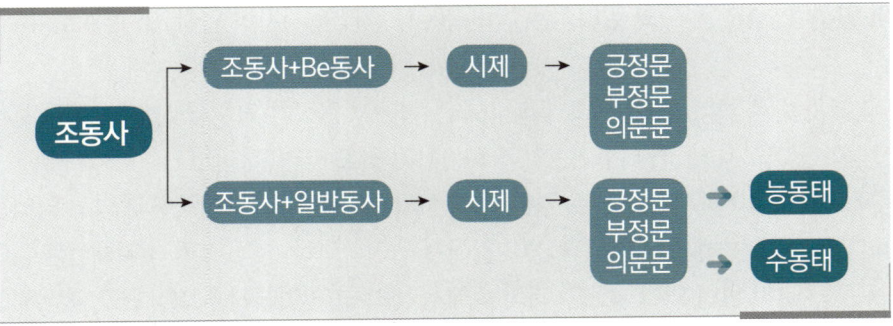

영어의 구구단

01 시제 12가지
현재형 현재진행형 현재완료형 현재완료진행형
과거형 과거진행형 과거완료형 과거완료진행형
미래형 미래진행형 미래완료형 미래완료진행형

02 각 시제에 대한 긍정문, 부정문, 의문문 (12x3=36)

03 각 시제에 대한 능동태, 수동태 (36x2=72)

■ 영어의 구구단은 동사에서 온다

Be 동사 (구구단) be동사가 사용된 문장은 진행형 문장은 존재하지 않는다. 12가지 시제중
현재형, 과거형, 미래형, 현재완료형, 과거완료형, 미래완료형의 6가지 시제만 존재한다.

present	past	p.p
am	was	been
is	was	been
are	were	been

조동사 (구구단) 동사는 현재형-과거형-미래형, 현재완료형-과거완료형-미래완료형이 존재하고
목적어가 있는 문장은 수동태형도 존재한다.(각 조동사의 진행형도 존재한다)

present	past	
may	might	I may have done it.
can	could (be able to)	I could have done it.
shall	should (have to-had to)	I must have done it.
will	would (be going to-was going to)	I would have done it.

I should have done it.
It might have been done by me.

일반동사 (구구단) 일반동사가 사용된 문장은 12가지 시제가 존재할 수 있고, 동사의 성격상 아닐 수도 있다. 목적어가 있는 동사는 각 시제에 대한 수동태형이 존재한다.
일반동사의 종류에는 동사변화의 성격에 따라 규칙동사, 불규칙 동사가 있다.

■ 규칙동사

present	past	p.p
play	played	played
walk	walked	walked
study	studied	studied

■ 불규칙동사

present	past	p.p
eat	ate	eaten
get	got	got
take	took	taken
sleep	slept	slept
wear	wore	worn

골프에서 putting이 전부이듯이 영어에 있어서는 시제의 활용이 전부입니다. 그러기 위해서는 영어의 구구단을 입으로 외워서 생각하지 않고 알맞은 시제의 문장이 입에서 튀어 나와야 한다.

머릿속에서 생각 없이 입에서 막 튀어 나오는 영어
영어 구구단 외우기

contents

★Chapter 1

영어의 기본인 8품사 이해와
5가지 종류 문장의 패턴 이해하기
13

① 8품사의 개념과 역할
② 5가지 종류의 문장 이해

★Chapter 2

8품사 중에서
동사의 이해와 활용
19

동사
① Be동사 → (불규칙)
② 일반동사 → 규칙동사, 불규칙동사
③ 조동사

★Chapter 3

동사의 종류와
현재형, 과거형, 과거분사형의 활용 이해
21

★Chapter 4

과거분사형의
활용법
25

★Chapter 5

조동사의
이해와 활용법
47

★Chapter 6

시제의 활용
(12가지 시제)
63

① 각 시제의 개념과 활용법
　시제 활용만 잘하면 영어 공부의 반은 끝난 것과 마찬가지다.
　3 x 4 구구단 발생 (3 x 4 = 12)
② 시제의 과거, 현재완료, 과거완료 개념과 차이점

★ Chapter 7

영어의 구구단　　　　　　　　　　　　　　　　　　　　95

① 12가지 시제의 개념
② 12가지 시제의 차이점 설명
③ 문장의 3가지 형태(긍정문, 의문문, 부정문)
　　시제 활용만 잘하면 영어 공부의 반은 끝난 것과 마찬가지다.
　　3x4 구구단 발생 (3x4=12)
④ 목적어를 갖고 있는 문장은 수동태형이 있다.
　　36x2=72 구구단 발생

> 12가지 시제 3x4=12 (현재,과거,미래 x 4 =12)
> 긍정문, 의문문, 부정문 12x3=36
> 4(단순형,진행형,완료형,완료진행형)
> 능동태, 수동태 36x2=72

★ Chapter 8

Be동사의 시제 활용법　　　　　　　　　　　　　　　　137

★ Chapter 9

조동사 시제의 활용법 (조동사 구구단 연습)　　　　　　　145

★ Chapter 10

문장의 시제가 모든 문법에서 중요한 이유　　　　　　　　151

부록1) 만능 동사 활용법 (서언) 　　　　　　　　　　　　161
부록2) 효율적인 영어 공부법 　　　　　　　　　　　　　177
　　　(몸통찾기 → 깃털찾기 → 다지기 → 활용하기)

★Chapter 1

1

영어의 기본인 8품사 이해와
5가지 종류 문장의 패턴 이해하기

1. 영어 문장 구성 8품사 개념 이해

다음에는 문장을 구성하는 단어의 성격에 따라서 8가지 성격의 단어가 있는데 이를 8품사라고 한다.

다음 장에서 인테리어 부문에 있어서 더 자세히 공부하겠지만 8품사란 무엇인지 대략적인 개념을 먼저 알고 영어공부를 시작하는 것이 도움이 된다.

1) 명사(noun)

모든 사물의 명칭을 명사라고 한다.

명사에 대한 자세한 공부는 나중에 하기로 하고 개념만 공부하자.
book, pen, horse, mouth, orange, pear, apple, umbrella, pig, cat, cow, shoes, clothes, melon, watermelon 등과 같이 물건의 명칭에는 무수한 단어가 존재한다.

2) 관사(Article)

명사나 고유명사 앞에 붙여주는 품사로서 a, an, the를 관사라고 하며, a나 an은 부정관사 the는 정관사라고 한다. 부정관사, 정관사는 나중에 공부하기로 하자. 그리고 특히 정관사 the의 용법은 매우 어렵고 까다롭다.

여기에 너무 신경 쓸 필요 없다. 정관사 잘못 사용하였다고, 영어에 큰 지장을 초래하지는 않는다. 정관사 사용은 영어공부를 몇 년씩 공부해도 100% 정확하게 사용하기는 힘들다.

3) 형용사(Adjective)

명사 앞에 위치하여 명사를 수식하여 주는 품사이다. 다음과 같다. (yellow, red, blue, pretty, beautiful, handsome, good, short, long, new, old, rich, poor, a red apple, blue scotch, pretty woman, poor person, handsome boy, short run, new machine.

4) 부사(Adverb)

부사는 동사를 부연 설명, 보충하기도 하고 형용사를 수식하기도 한다.

또는 부사가 부사 자체를 수식하기도 한다.
He came late to school]. (late 부사는 came동사를 설명하여 준다)
Thank you very much. (very 부사는 부사 much를 수식)
Happily he enjoyed the dinner. (happily는 문장 전체를 수식)
부사는 (형용사+]y)의 형태가 많다.
(true → truly, happy → happily, noble → nobly, whole → wholly, full → fully, dramatic → dramatically)

형용사, 부사가 형태는 같으나 때에 따라 형용사로 쓰이기도 하고 부사로 쓰이는 품사가 있다.
ex) hard(어려운, 어렵게), near(가까운), long(긴, 길게), nearly(거의), high(높은, 매우), late(늦은), early(이른, 이르게), lately(요즈음), enough(충분한, 충분하게), always, generally, often, ever, sometimes, scarcely, hardly, forever, never, seldom, almost, still, also.

부사에 대한 더 자세한 공부는 다음의 인테리어 부문에서 설명하기로 한다. 한 가지에 대하여 너무 자세하게 공부하다 보면 숲을 보는데 너무 시간이 오래 걸리고 지치기 쉽다. 부사에 대한 개념만 파악하고 자세한 내용은 나중에 하기로 하자.

5) 전치사(Preposition)

전치사는 명사 앞에 붙여 주는데 장소, 때, 원인, 이유 등이 있을 때 명사 앞에 붙여서 의미를 나타내주는 품사이다.

① 장소를 나타내는 전치사
   (at, in, on, above, beneath, below, under, behind, after, between, among)

② 때를 나타내는 전치사
   (at, in, on, till, by, since, from, for, during)

③ 원인, 이유를 나타내는 전치사
   (from, through, of, at ,over, with, for)

이러한 역할을 하는 품사가 전치사라는 것만 알고, 용법에 대하여는 다음에 더 자세히 공부하기로 하자.

6) 접속사(conjunction)

접속사란 말 그대로 문장과 문장을 연결시켜 주는 역할을 하는 품사 이다.
   ex) and, but, or, for, so, so that, so long as

7) 관계대명사(relative pronoun)

관계대명사란 접속사와는 다르게 문장과 문장을 합해 주는 품사이다. (who. which, that, what) 등의 관계대명사를 사용하여 두 문장으로 표현할 것을 한 문장으로 합쳐서 표현할 수 있다.

예를 들어 "나는 학교에 다닌다.", "학교는 서울에 위치해 있다."의 두 문장을 관계대명사를 사용하여 "나는 서울에 위치해 있는 학교에 다닌다."라고 한 문장으로 나타낼 수가 있는 것이다.

관계대명사 역시 자세한 것은 다음에 공부하기로 하자.

8) 동사(verb)

동사란 동어 부문을 구성하는 핵심 품사이고 모든 행동의 움직임을 나타내주는 품사이다.

먹는다, 입는다, 잠자다, 걷다, 운동하다, 보다, 만들다 등의 뜻은 사람이 어떤 행동하는 것을 의미한다.

이처럼 동작의 상태를 나타내주는 품사가 동사이다. 영어공부 하는 데 있어서 어려운 점이 동사의 변화에 따른 동어의 변화를 익히는 일이라고 할 수 있다.

동사는 크게 be동사와 일반 동사, 조동사로 구분되는데 일반 동사는 앞에서 설명 하였듯이 동작의 상태를 나타내지만, be동사는 현상의 상태를 나타내 줄 뿐 동작의 의미는 없다.

be 동사는 주어의 형태에 따라 am, is, are의 3가지 종류가 있다.

주어가 I 다음에는 am의 be동사가 오고, 주어가 he, she, it 다음에는 is의 be동사가 오고, 주어가 you 다음에는 be동사 are가 온다.

모든 동사는 시제(때)에 따라 크게 일반적으로 3가지로 구분한다.

첫째는 현재형(present),
둘째는 과거형(past),
셋째는 미래형(future)이다.

문장에서 시제가 현재이면 동사의 현재형을 쓰고, 문장이 과거시제를 나타내면 과거형을 쓰고, 문장의 시제가 미래면 동사 앞에 will이나 shall 의 조동사를 써서 변형시켜 준다.
위의 예를 들면 다음과 같다.

I eat a dinner. (현재형) 나는 저녁을 먹는다.
I ate a dinner, (과거형) 나는 저녁을 먹었다.
I will eat a dinner. (미래형) 나는 저녁을 먹을 것이다.

위의 문장에서는 eat 동사의 현재형 동사, 과거형, 미래형(will eat)을 사용하였다.

그러면 eat 동사의 3가지 변화형 eat-ate-eaten에서 현재형 eat 동사는 현재형 문장에 사용하였고, ate는 과거형 문장에 사용하였다.

그리고 나머지 과거분사(p.p)인 eaten은 어디에 사용하려고 만들어 놓은 것인가? 여기서부터 본격적인 영어공부가 시작되는 것이다. 이 과거분사의 활용법이 쉽지만은 않으나 이것을 완벽하게 소화하면, 그때부터 영어는 쉬워진다. 모든 동사는 be동사건. 일반동사건, 현재형, 과거형, 과거분사형이 존재한다. 그리고 동사의 변화 형태에 따라 규칙동사와 불규칙동사로 구분된다.

■ 동사변화의 일부 "예"에 대한 도표

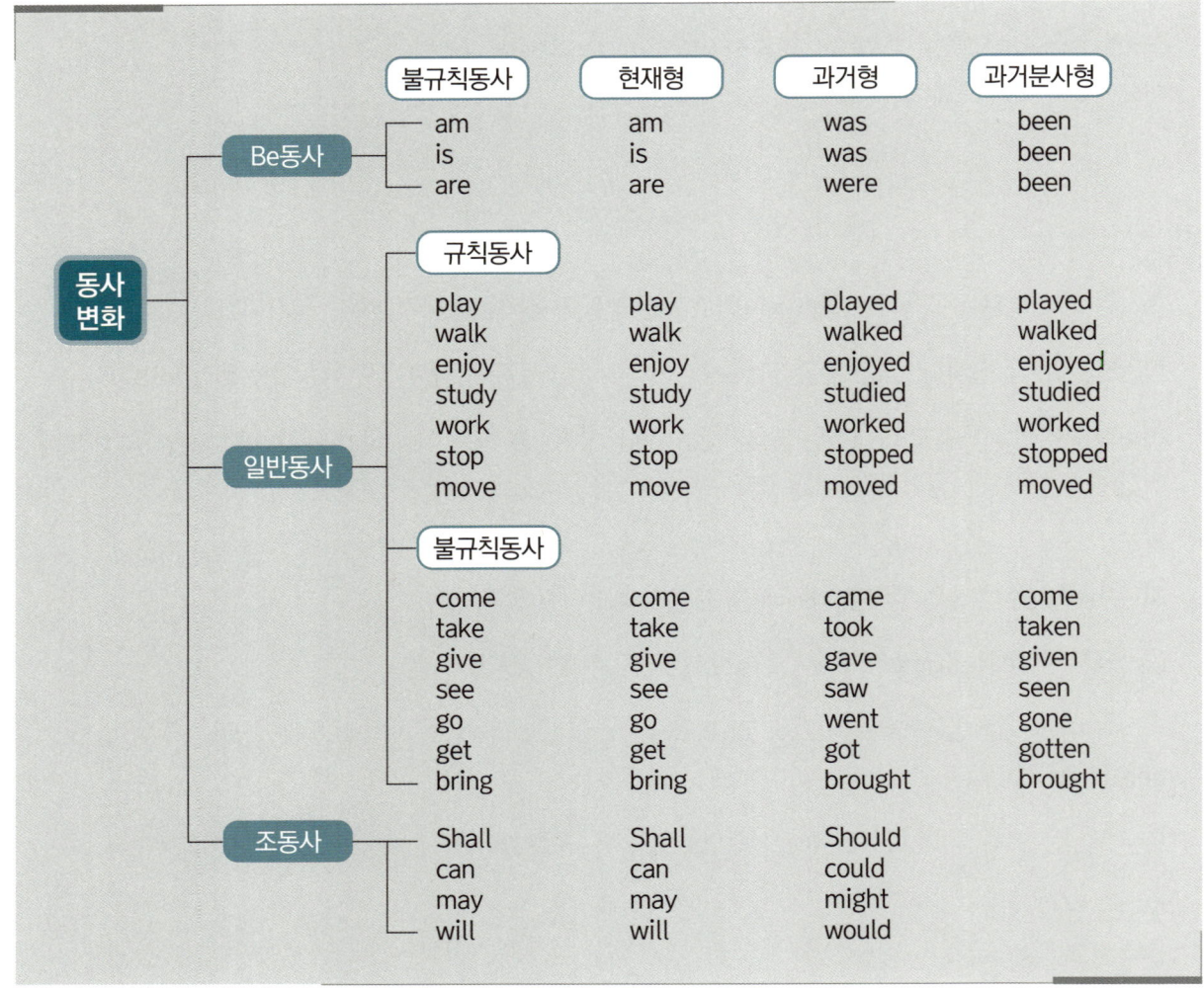

모든 영어 문장은 위에서 언급한 8개의 품사를 사용하여. 주어도 만들고 동어 부문도 만들고 목적어, 보어 부문도 만들어서 하나의 영어 문장을 완성하는 것이다. 영어의 기초를 다지는 일은 주어, 동어, 목적어, 보어 중에서 동어 부문을 공부하는 것이다.

8품사 중에서, 동사를 사용하고 동사를 시제나 표현방법에 따라서 변형 시키는 것이다. 이 동어 부문의 변화를 공부하여 시제에 맞게. 표현방법에 맞게 변형시키는 방법을 습득하여 speaking, listening, reading, writing에 자유자재로 사용할 수 있는 능력을 기르는 것이 가장 중요한 과제라 할 수 있다.

Memo

★Chapter 2

2

8품사 중에서
동사의 이해와 활용

2. 문장의 종류

1) 주어+동사

The bird sings every morning. (보충어와 보어는 다른 개념이다.)
　주어　　동사　　(보충어)

2) 주어+동사+보어

I　am　a student.
주어　동사　　보어

What I do every morning　is　a running.
　　　　주어　　　　　　　동사　　보어

The first thing I should do in the morning　is　to clean up the room.
　　　　　　　주어　　　　　　　　　　　　동사　　　　보어

3) 주어+동사+목적어

I　like　an apple.
주어　동사　목적어

I　don't know　what I should do now.
주어　　동사　　　　　목적어

You　should not have done　it.
주어　　　　동사　　　　　목적어

4) 주어+동어+간목+직목

He　gave　me　a book.
주어　동사　간목　직목

5) 주어+동사+목적어+보어

I　made　him　happy.
주어　동사　목적어　목적격보어

★Chapter 3

3
동사의 종류와
현재형, 과거형, 과거분사형의 활용 이해

3. 동사의 종류와 현재형, 과거형, 과거분사형 이해

다른 품사는 변화하지 않는다.
문장의 종류에 있어서도 동사 부분만 변화한다.
동사가 변화하고 동사 부분이 변화하기 때문에 영어의 구구단이 생겨난다.

1) 먼저 동사의 종류에 대하여 알아보아야 한다.

동사의 종류 Be동사 (am, is, are)
일반동사 play, study, eat, sleep, make, get, take...
조동사 may, can, will, shall, do, does, would, could, might...

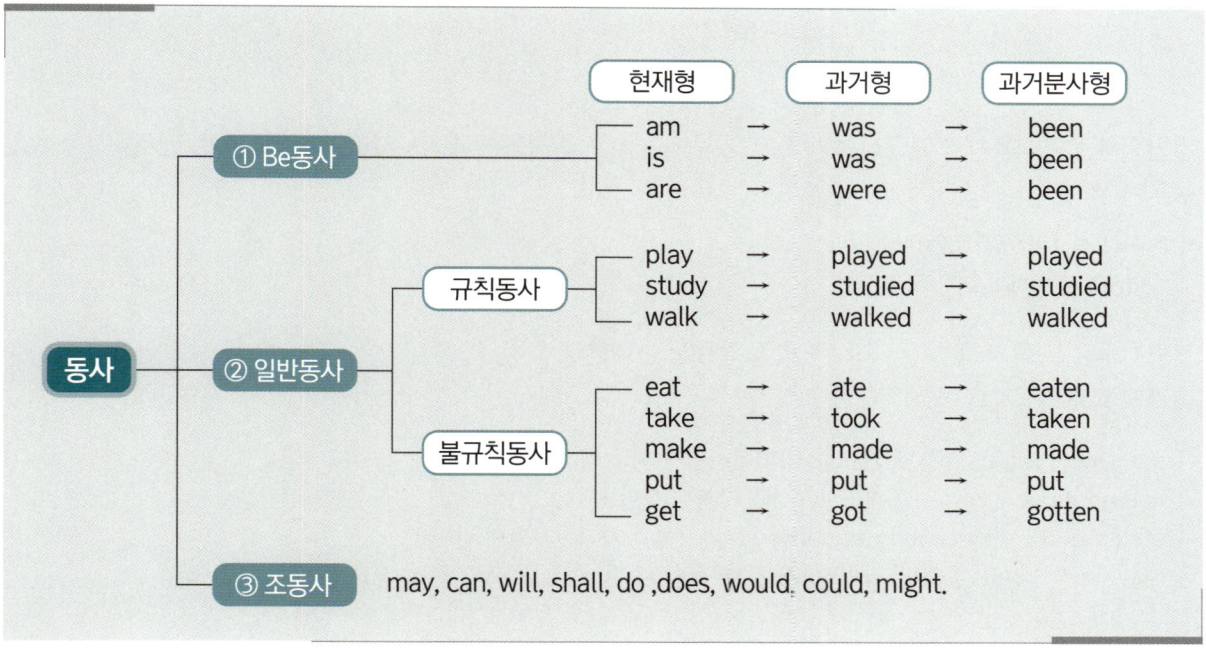

2) 동사의 3가지에 형태에 대한 역할 설명

be 동사와 일반동사는 3가지 형태를 갖추고 있다.

일반동사			be 동사		
현재형	과거형	과거분사형	현재형	과거형	과거분사형
play	played	played	am	was	been
study	studied	studied	are	were	been
work	worked	worked	is	was	been
walk	walked	walked			
eat	ate	eaten			
sleep	slept	slept			
make	made	made			
get	got	gotten			
take	took	taken			

조동사는 원래 현재형,과거형은 있으나 과거분사형은 없다.
그러나 지금은 조동사의 현재형, 과거형도 구분없이 사용되고 있다.
추후에 자세히 설명

일반동사는 규칙동사와 불규칙 동사가 있다. 규칙동사는 과거형과 과거분사형이 규칙적으로 현재동사에 ed만 붙여주면 된다.

ex : play – played – played
　　 study – studied – studied

불규칙 동사는 동사의 3가지 형태가 각각 다르게 변화한다.
불규칙 동사의 4가지 변화 형태가 있다.

① eat – ate – eaten (현재형, 과거형, 과거분사형이 모두 다르다.)
② come – came – come (현재형과 과거분사형이 같다.)
③ understand – understood – understood (과거형과 과거분사형이 같다.)
④ quit – quit – quit (현재형, 과거형, 과거분사형이 다 같다.)

Memo

★Chapter 4

4
과거분사형의 활용법

4. 과거분사형 활용법 10가지

모든 동사는 be 동사든, 일반동사든 조동사를 제외하고는 현재형, 과거형, 과거분사형의 3가지 형태가 있다. 대부분의 사람들은 현재형,과거형을 활용하는데 별 어려움이 없으나, 과거 분사형 활용에는 많은 어려움이 있고 힘들지만 영어 공부를 제대로 하기 위해서는 반드시 과거분사형 활용법을 익혀야 한다.

과거분사의 활용법에 대해 알아보기 전에 동어 부문 시제를 이해하기 위하여 시제를 도표화 하여 보자.

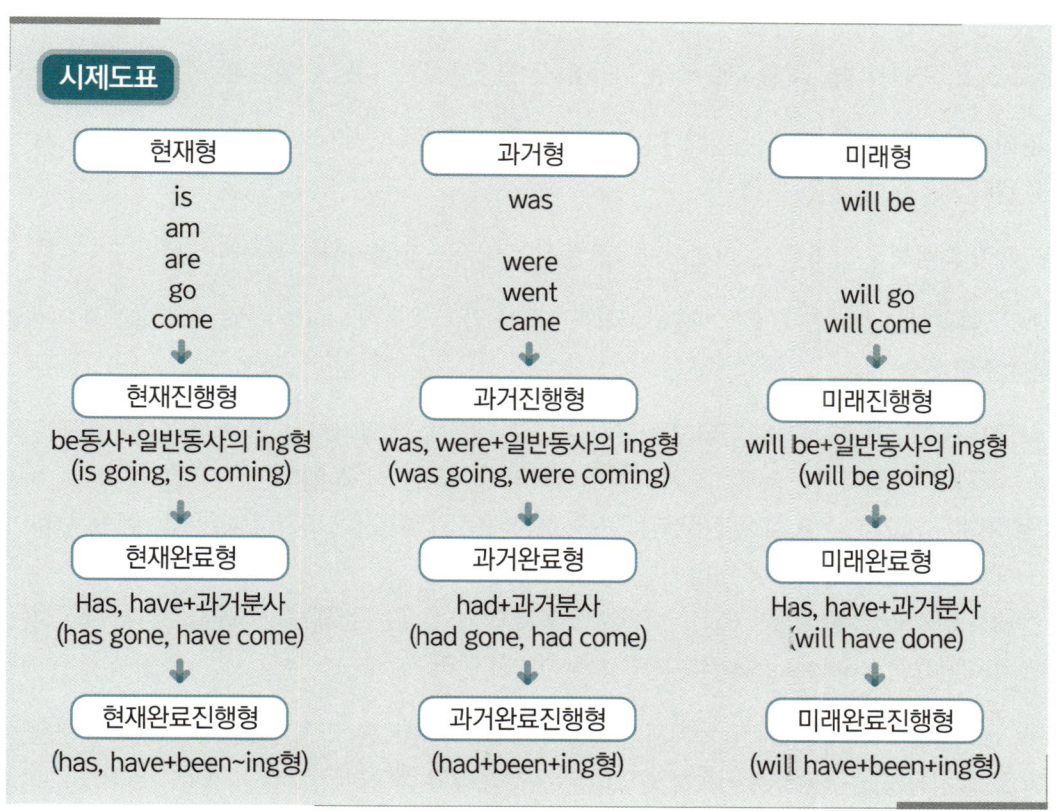

① 현재완료형 문장에 사용하기 위하여(has, have + p.p)
② 과거완료형 문장에 사용하기 위하여 (had+p.p)
③ 미래완료형 문장에 사용하기 위하여 (will, shall +have + p.p)
④ 수동태 문장에 사용하기 위하여 (be동사+p.p)
⑤ 완료부정사 구문에 사용하기 위하여 (to have+p.p) (to have been+p.p)
⑥ 동명사 구문에 사용하기 위하여 (having +p,p)
⑦ 분사구문에 사용하기 위하여 (having + p.p)
⑧ 가정법 구문에 사용하기 위하여(had+p.p ~ would have+p.p) (과거완료)
⑨ 화법에 사용하기 위하여 ("have + p.p")
⑩ 형용사로서 사용하기 위하여 (broken heart, chosen book)

1) 현재완료형 문장에 사용하기 위하여

많은 사람들이 혼동하고, 확실히 구분하지 못하는 시제의 사용이 과거 시제, 현재완료 시제, 과거완료 시제이다. 이 세 가지 시제를 혼동하는 경우가 흔하며, 이 세 가지 시제를 제대로 구분해서 Speaking, Reading, writing에 사용하는 것이 쉽지 않다. 왜냐하면, 사람들이 참고서에서만 보면 현재완료는 완료, 계속, 경험, 결과의 경우에 사용한다고 되어 있다. 이 정도 설명만 가지고는 정확히 이해하기가 힘들다.

이 3가지 시제의 경우를 도표로 설명하면 다음과 같다.

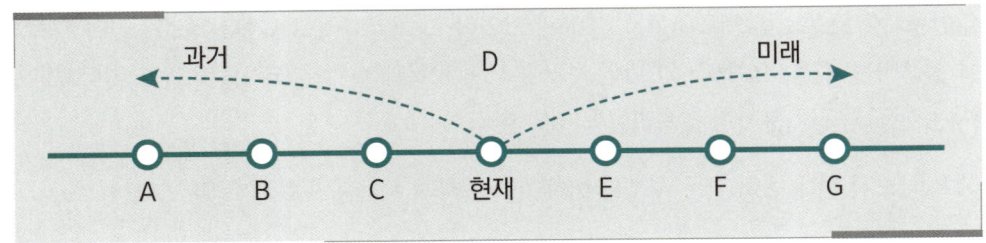

현재 시점을 D라고하고, 과거시점을 A, B, C로 나누고 미래시점을 E, F. G로 나눠서 설명하기로 하자.

문장의 시제가 현재시점, D를 나타내거나, 문장의 내용이 일반적인 사실이나 진리의 의미를 나타낼 때는 동사의 현재형을 사용하면 된다.

그리고 문장의 시제가 명확히 과거의 C, B, A에 해당되면 문장에서 동사의 과거형을 사용하면 된다.

또한 문장의 시제가 명확히 미래의 E, F, G의 때를 나타내면 동사 앞에 조동사 will이나 shall을 붙여서 미래형의 문장으로 나타내어주면 된다.

그런데 문제는 시제가 명확하게 한 시점을 나타내는 것이 아니고. 예를 들어 과거시점 C에서부터 D까지 또는 과거시점 B에서부터 D까지 또는 과거시점 A에서 현재시점 D까지의 해당되는 시제(때)이면, 현재완료형(has, have+과거 분사)을 사용하여야 하고, 과거 시점 A에서부터 B까지 해당되는 시제이거나 과거시점 A에서부터 C까지이면, 과거완료형(had+ 과거분사)을 사용하여야 한다.

시제의 개념이 현재시점 D에서부터 E까지 이거나, D에서 F까지 이거나, 또는 현재시점 D에서 G까지 해당하는 개념의 시제일 때는 미래완료형 (will have+과거분사)을 사용하여야 한다.

우리가 speaking, reading, listening, writing에서 생각보다 자주 현재완료형, 과거완료형. 미래완료형 문장을 많이 사용한다. 그러므로 사용법을 구분하여 명확하게 알아두는 것이 매우 중요하다.

특히, 과거형, 현재완료형, 과거완료형의 문장을 명확히 구분해서 사용하는 능력을 향상시켜야 한다.

먼저, 과거시제나 현재완료 시제, 과거완료 시제를 를 구분하기 위하여, 예문을 들어 설명하기로 하자.

과거형 문장 I lost my key.
현재 완료형 문장 I have lost my key.
과거완료형 문장 I had lost my key.

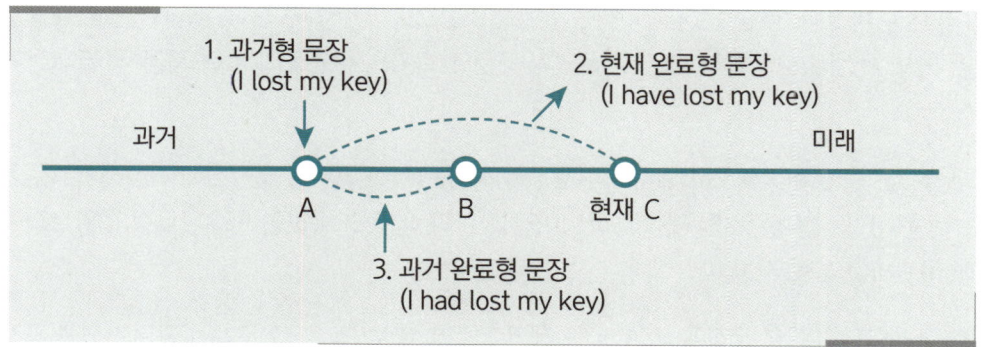

현재시점을 C라고 할 때 ①의 과거형 문장, 즉 과거의 한 시점 (Yesterday) 예를 들면 A지점을 명확히 가리킨다. (I lost my key yesterday.)

그러나 ②현재완료형 문장은 과거시점 A를 예를 들어서 C지점 현재까지도 key를 잃어버린 상태를 나타낸다. (I have lost my key)

따라서 ③과거완료형 문장은 과거시점 A에서 과거시점 B까지 key를 잃어버렸던 적이 있다는 개념이다. B시점 이후도 key를 잃어버린 상태인지. 그렇지 않으면 Key를 다시 찾았는지는 모른다. 단지, 과거 한동안 키를 잃어버렸던 적이 있었다는 뜻을 나타낸다. (I had lost my key for a while.)

그러나 ②항의 현재완료형 문장은 현재까지도 과거에 key를 잃어서, 지금도 못 찾고 있는 상태를 나타낸다. (I have lost my key)

현재완료형의 시제 상 개념은 앞에서 설명한 것과 같다.

따라서 현재완료형은 크게 4가지 용법으로 분류 된다.

첫째, 어떤 일을 과거에 시작해서 바로 지금 막 완료 시켰을 때 (완료용법)

둘째, 어떤 일을 과거 어느 시점에서 시작하여 지금까지 해왔을 때 (계속용법)

셋째, 과거에 어떤 경험을 하였을 때 (경험용법)

넷째, 과거에 어떤 일로 인한 결과를 얻었을 때 (결과용법)

위의 4가지 경우에 현재완료형 문장을 쓴다. 아울러, 위의 4가지 도두 시제상으로 보면 어느 과거시점에서 지금까지의 시제 개념을 포함하고 있다.

(예문)
① 완료적 용법 : I have just finished my homework.
② 계속적 용법 : I have studied English for 3 years.
③ 경험적 용법 : I have seen a tiger before
　　　　　　　 Have you ever seen a tiger?
④ 결과적 용법:
　　I have got A⁺ credit in economics last semester.
　　I have got a stomach cancer diagnosis in health examination.
　　We are sorry to inform you that you have failed in your qualifying exam.
　　We are pleased to inform you that you have passed in your qualifying exam.

예문 1. "나는 지금 막 숙제를 마쳤다."라는 문장의 의미는 현재완료형으로 써주어야 한다. 왜냐하면. 숙제를 끝내기 위해서 과거 어느 시점에 시작해서 지금 막 끝냈기 때문에 과거의 한동안의 일이 지금 막 끝내졌기 때문이다.

예문 2. "나는 영어공부를 3년 동안이나 해오고 있다" 이 문장의 의미는 영어 공부를 3년 전에 시작해서 지금까지 해오고 있다는 내용이므로 현재완료의 계속적 용법이라고 한다. 엄격히 말하면 현재완료형의 완료적 용법과 개념이 거의 비슷하다고 할 수 있다.

예문 3. "나는 호랑이를 본 적이 있다"의 문장은 과거에 "언젠가 호랑이를 본 적이 있다"라는 과거의 경험을 나타내므로 현재완료의 경험적 용법이라고 한다. 호랑이를 3년 전에 보았든, 30분 전에 보았든, 1초 전에 보았든 좌우간 현재 직전에 한 번 보았다는 경험을 나타내주고 있다.

예문 4. "나는 지난 학기 경제학에 A+학점을 받았다"라는 내용이다. 내용상 시제가 단순과거 시제 같지만, 이때 시제는 단순 과거형이 아니라 현재완료형을 써 주어야 한다. 왜냐하면 A+ 학점을 받은 것은 과거에 받았지만, 이것은 과거의 어떤 결과를 나타내주므로 현재완료형을 써줘야 한다.(현재도 과거에 A학점을 받은 것이 유효하다는 결과이다)

"나는 건강진단에서 위암 판정을 받았다."도 내용상 시제가 단순 과거 같지만, 위암이라는 판정을 받은 것은 과거의 어떤 결과이므로 단순과거 대신 현재완료형을 써주어야 한다.

"우리는 당신이 자격시험에 불합격한 것을 통보하게 되어서 미안하게 생각한다."
"우리는 당신이 자격시험에 합격한 것을 통보하게 되어서 기쁘게 생각한다"

시험에 떨어지고 합격한 것은 과거의 일이지만 과거의 결과이기 때문에, 그리고 우리가 통보할 때까지 합격, 불합격이 유효하기 때문에 과거형이 아닌 현재완료형을 사용하여야 한다.
위에서 살펴보았듯이. 과거 어느 시점에서 무슨 일을 지금까지 계속해 왔거나, 어떤 일을 과거 어느 시점에서 시작해서 지금 막 끝냈을 경우에 현재완료형 시제를 사용한다.

그리고 과거에 어떤 경험을 하였거나, 또는 과거에 어떤 결과를 얻었을 경우에는 현재완료형을 사용한다. 그런데도 많은 학생들이 단순 과거형 문장하고 현재완료형 문장을 구별해서 사용하지 못하는 경우가 많다.
Speaking이나 writing에서도 분명하게 구별하여 사용하여야 한다.

미국 원어민들은 필자가 위에서 설명하였듯이 배워서 구분하는 것이 아니고 어려서부터 감으로 차이점을 익혀서 자연스럽게 구분해서 사용하고 있다. 그러나 우리 같은 외국인은 자연스럽게 감으로 구분하여 사용하는 것은 어려우므로 인위적으로 설명을 통해서 배워야 한다.

Speaking에서는 생각할 여유가 없기 때문에 연습을 통해서 지체 없이 입에서 현재 완료형이 튀어 나와야 한다. 그러나 Writing에서는 다소 시간상의 여유가 있다.

예를 들어 신입사원이 면접을 보기 위해 면접사무실에 들어가기 전 여직원이 들어가기 직전에 면접자에게 "you have got a five-minute. 라고 말할 때(너한테 면접시간이 5분간 주어졌다.)"라는 의미이다.
(시간이 현재 얼마가 주어졌다 라는 것은 결과의 개념을 갖고 있기 때문이다.)

또 어떤 사람이 "너 잠깐 시간 좀 있어?"라고 물어볼 때도 Have you got a minute?라고 현재완료형의 의문문을 사용한다.(결국 시간이 있느냐고 묻는 것도 결과의 개념이다.) 실제로 미국 사람들은 앞에서 설명한 계속, 완료, 결과, 경험의 의미는 물론 다른 경우에도 현재완료 문장을 많이 사용한다.
 이러한 다른 용법의 현재완료 용법은 문장을 통해서 그때그때 이러한 경우에도 현재완료형을 사용하는구나 하고 느끼고 습득하면 된다. 더 자세한 사용법은 실제 문장을 통하여 익혀 보기로 한다.

2) 과거완료형 문장에 사용하기 위하여

앞의 부분에서 과거분사 활용 10가지 사례 중 첫 번째인 현재완료형 사용에 대하여 살펴보았다. 이번에는 두 번째 사례인 과거완료 사용에 대하여 알아보기로 하자.

그러면 앞에서 설명한 현재완료형과 과거완료형이 어떻게 다른지에 대하여 살펴보자.

과거완료형도 현재완료형과 같이, 과거 어느 한 시점에서의 계속된 행위, 또는 과거 시점에서 시작하여 어느 시점에서 완료한 경우, 과거의 경험, 과거 한동안의 결과를 나타낼 때 사용되지만 개념과 사용법이 다르다.

도표로 설명하면 아래와 같다.

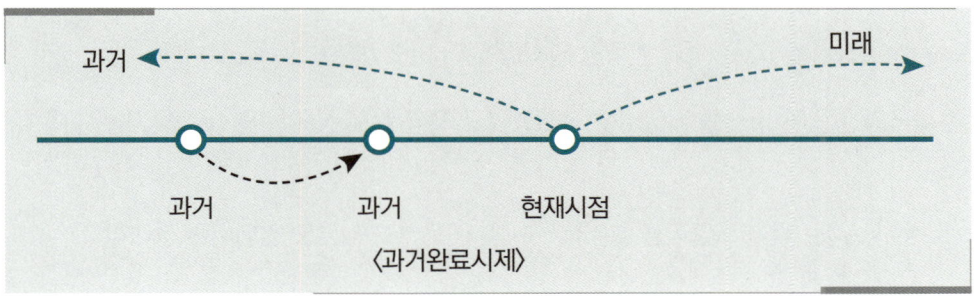

과거완료형 (had+과거분사)은 과거의 한동안의 개념을 나타내고, 과거에서 현재까지 연결된 것이 아니고. 과거 한 시점(대과거)에서 의 한 시점(과거)까지의 개념을 나타낸다.

예를 들면 과거의 중학교, 고등학교 다닐 때, 군대생활 할 때라든지 왕년의 한동안 계속했던 행동의 완료, 계속, 경험, 결과를 나타낸다.

단순히, "나는 호랑이를 본 적이 있다"라는 문장은 동어 부문을 현재완료(have, has+과거분사)를 사용하여야 되지만, "나는 군 생활 하는 동안 호랑이를 본 적이 있다"라고 과거의 한동안이라는 기간이 설정되어 있을 때에는 과거완료형(had+과거분사)을 사용하여야 한다.

ex1) 나는 2001년부터 2005년도까지 영어공부를 한동안 계속했었다.

　　이러한 경우에는 과거완료형(had+p.p) 시제를 동어 부문에 사용해 주어야 한다.
　　I had studied English from 2001 to 2005.

ex2) 과거시점(오래된 과거)에서 무엇을 시작하여 또 다른 과거시점(최근 과거)에서 완료하였을 경우에는 과거완료형(had+p.p) 시제를 사용하여야 한다.

　　I had finished my homework when my girlfriend came home yesterday.
　　(나는 어제 여자 친구가 집에 왔었을 때 막 숙제를 끝마쳤다.)
　　이 개념이 바로 대과거 개념이다.

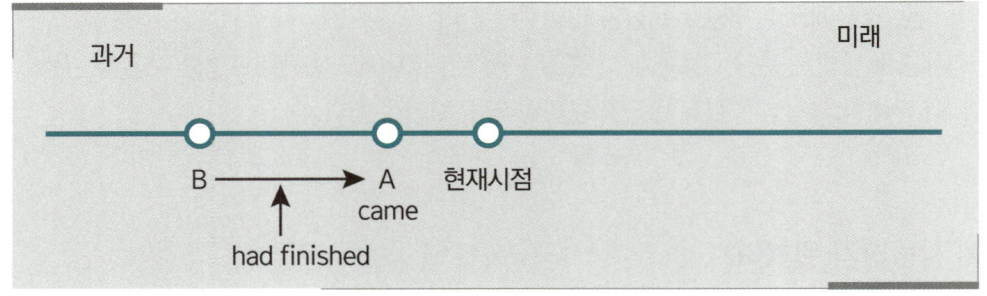

ex3) 과거의 한동안 기간에 경험하였을 경우 과거완료형 시제를 사용 한다.

나는 군대 있었을 때 호랑이를 본적이 있다.
I had seen a tiger during my army service.

나는 대학 다녔을 때 돈을 벌어 본적이 있다.
I had made money while I was attending the university.

ex4) 과거 한때의 결과를 나타낼 때 과거완료형 시제를 쓴다.

I had lost my key for a while. (나는 과거 한동안 열쇠를 잃어 버렸었다.)

이 문장의 개념은 과거의 한동안 열쇠를 잃어버린 상태였었고 지금 현재 상황은 열쇠를 찾았는지 못 찾았는지 모르는 상태이다.

cf) 그러나 "I have lost my key"는 과거에 열쇠를 잃어버려서 찾지 못하고 지금도 잃어버린 상태이다.

The poll shows that the population had increased by 15% for a while.
(여론 조사는 과거 한동안 인구가 15%까지 증가하였던 것을 보여준다.)

I had suffered from pneumonia during my army service.
(나는 군 생활 동안 폐렴을 앓았던 적이 있었다.)

My father had been rich for several years when I was young.
(나의 아버지는 내가 어렸을 때 수년간 부자였었다)

위에서 보았듯이 과거완료형(had+과거분사)은 과거 한때의 (다시 말하면 과거 왕년에) 어떠한 행동을 계속, 완료, 경험, 결과를 나타내 줄 때 사용한다.
과거 완료형의 추가적인 용법은 대과거형의 용법으로써 과거시제보다 더 앞선 과거시제를 나타낼 때도 사용한다.

ex) 내가 어제 지하철역에 도착하였을 때, 이미 열차는 떠나고 없었다.
The subway train had already left when I arrived in subway station.

내가 역에 도착한 것도 과거인데, 열차가 떠난 것은 내가 도착한 것 보다 더 과거이므로 대과거형인 과거완료형 시제를 사용하였다.

ex) My father had already passed away when I arrived home.
　　　　　　　　대과거　　　　　　　　　　과거
(내가 집에 도착 하였을 때 아버지는 이미 돌아가신 상태였다.)

cf) I have totally given up smoking, that is my favorite thing.
(현재완료형: 과거에 담배를 완전히 끊어서 지금도 끊은 상태를 나타나 준다.)

I had given up smoking for a while but I began to smoke again.
(과거 한동안 담배를 끊었다가, 과거 한 시점에서 다시 담배를 피우기 시작했다. 라는 의미를 나타내 준다.)

3) 미래완료형 문장(will have+과거분사)에 사용하기 위하여
　　　　　　　(shall)

과거분사형 활용법 10가지 경우 중 세 번째 경우인 미래완료형 문장 (will have+과거분사)은 지금부터 어떤 행동을 시작해서 미래의 어느 시점에 완료할 때 사용하는데. 그림으로 나타내면 아래와 같다.

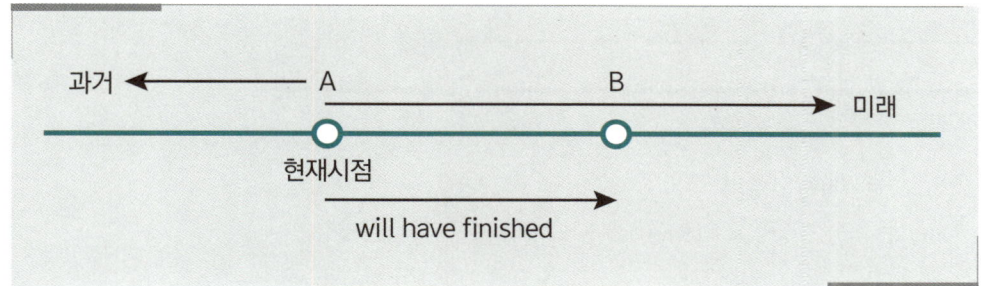

어떤 행위를 현재시점 A에서 시작해서 미래시점 B에 완료할 때 미래완료형(Will have + 과거분사)을 써준다.

ex1) I will have finished homework in 3 hours.
(지금부터 숙제를 시작해서 3시간 이내에 끝내겠다.)

ex2) I will have done writing a book in 3 years.
(나는 3년 이내에 책 쓰는 것을 마치겠다.)

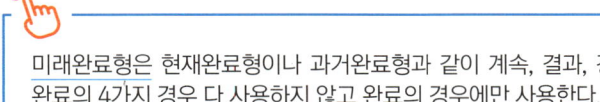

미래완료형은 현재완료형이나 과거완료형과 같이 계속, 결과, 경험, 완료의 4가지 경우 다 사용하지 않고 완료의 경우에만 사용한다.

cf) 과거 어느 시점에서 어떤 일이 발생하여, 그 일을 계기로 어떠한 행동이 지금까지 계속하여 왔을 때 표현방법은 다음과 같다.

나는 그 사람을 2년 전에 전철에서 만났는데, 그 이후로 지금까지 본적이 없다.

과거 2년 전(C지점)은 단순과거의 시제이고, 그 이후부터 지금까지는 현재완료형 시제가 되어야 한다.

그를 보지 못한 것은 B시점에서 A시점(현재)까지이다.

I met him at subway station 2 years ago but I have not seen him since then.

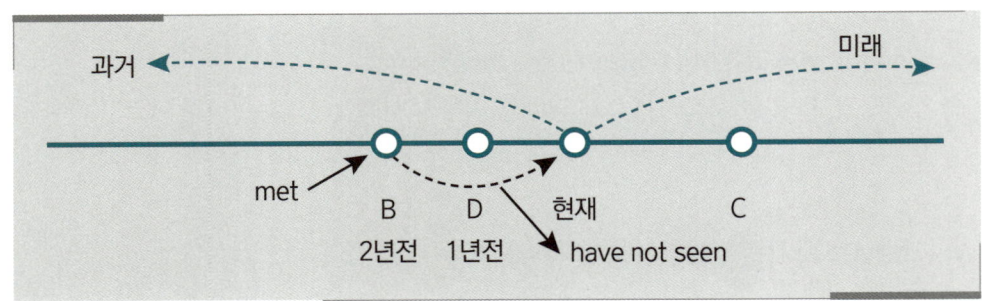

Those five emphatic words waked something in me that has never slept since.
(강력한 5개의 단어가 내속에 무엇인가를 각인시켜주었는데 그 이후로 나의 뇌리에서 사라지지 않았다.)

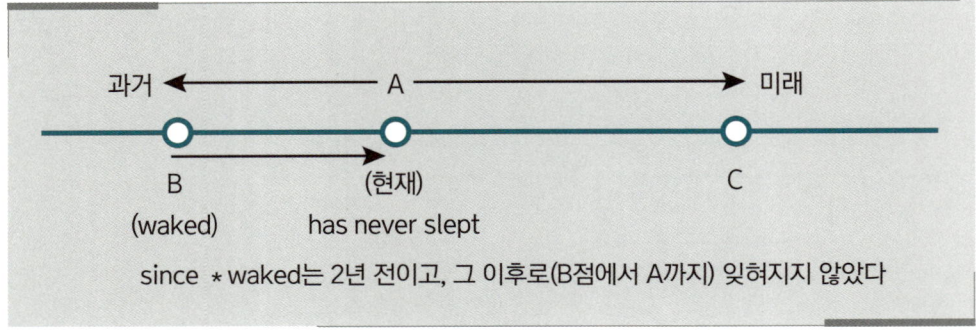

활용하기: 지금까지 공부한 현재완료형, 과거완료형, 미래완료 시제를 사용하여 다음의 문장을 영어문장으로 작성해 보세요.

1. 당신은 전에 혹시 호랑이를 본 적이 있습니까? (현재완료형)
2. 나는 과거 몇 년 동안 친구와 사이가 안 좋았던 때가 있었다. (과거완료형)
3. 나는 내일까지 숙제를 끝마치겠다. (미래완료형)
4. 나는 3년 전부터 지금까지 영어 공부를 해오고 있다. (현재완료형)
5. 나는 지난 학기 영어 과목에서 A학점을 받았다. (현재완료형)
6. 나는 고등학교 때 열심히 공부하지 않았던 것을 후회하고 있다. (과거완료형)
7. 어제 내가 친구를 방문하였을 때 친구는 밖에 나가고 없었다. (과거완료형)
8. 그 사람은 작년 4월 병원 종합검진에서 대장암 판단을 받았다. (현재완료형)
9. 나는 월남전에서 다리를 다친 적이 있다. (과거완료형)
10. 한국은 이번 런던올림픽에서 브라질한테 축구경기에서 3:0으로 졌다. (현재완료형)
11. 나의 꿈이 마침내 실현되었다. (현재완료형)
12. 그 제품은 다 팔려서 매진되었다. (현재완료형)

13. 당신은 그 여자가 태국 갔다는 소식을 들은 적이 있습니까? (현재완료형)
14. 나는 한동안 피자가게에서 일한 적이 있다. (과거완료형)
15. 나는 지독한 감기에 걸렸다. (현재완료형)
16. 나는 어머님의 덕분으로 착한 학생으로 성장하였다. (현재완료형)

4) 수동태 문장에 사용하기 위하여

과거분사 활용 10가지 중에 네 번째의 활용방법인 수동태 문장에 관하여 설명하기로 하자.

우리말에도 수동태 문장이 있고 능동태 문장이 있다. 결과적으로 말하자면 능동태 문장이건 수동태 문장이건 뜻은 같다. 다만, 표현방법이 다르고 주어를 무엇으로 강조하느냐에 달려 있다.

한국어로 예를 들면. I love her.(나는 그 여자를 사랑한다)는 능동형 문장이고, She is loved by me.(그 여자는 나에 의해 사랑을 받는다)는 수동형 문장이다.

능동형 문장에서는 주어가 "I"이고 수동형 문장에서는 주어가 "She"이다. 다시 말하면 능동형 문장에서는 주어 "I"가 강조되었고. 수동형 문장에서는 주어인 "She"가 강조되었다.

주어 자체를 강조하려면 능동형 문장을 쓰고, 목적어 "her"를 강조하려면 목적어 her가 she로 바뀌면서 앞으로 나온다. 그리고 능동형 문장에서 주어였던 "I"는 목적격인 me로 바뀌고 수동의 의미를 나타내기 위하여 전치사 by를 앞에 붙여준다.

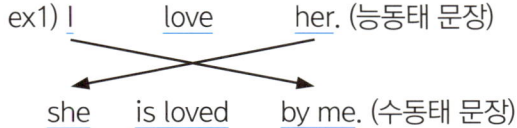

ex1) I   love   her. (능동태 문장)

she   is loved   by me. (수동태 문장)

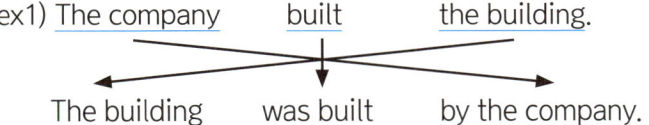

ex1) The company   built   the building.

The building   was built   by the company.

수동형으로 바뀔 때는 능동형의 동어 부문이 be 동사+과거분사 형태로 바뀌고 능동태의 주어는 목적격으로 바꿔서 맨 뒤로 보내고 능동태의 목적어는 주격으로 바뀌어서 앞으로 나온다.

ex1)에서 능동태의 동어 부문 is는 수동태로 바뀔 때 동어 부문 is loved로 바뀌었고,
ex2)에서 능동태의 동어의 시제가 (built) 과거이기 때문에 수동태의 동어 부문이 was built(be동사과거형 + 과거분사)로 바뀌었고, 일반적인 명사는 주격, 목적격이 같으므로 똑같이 써준다.

일반명사는 주격, 목적격이 같고 인칭대명사인 (I, you, she, he, it, they)만 주격, 목적격이 다르다.

cf)

주격	소유격	목적격	소유목적격
I	my	me	mine
You	your	you	yours
He	his	him	his
She	her	her	hers
They	their	them	theirs
We	our	us	ours

능동태 동어 부문의 시제에 따라 수동태의 동어 부문은 다르게 바뀐다.
(능동태)

① 현재형
    I eat an apple.
    An apple is eaten by me. (수동형)

② 과거형
    I ate an apple.
    An apple was eaten by me.(수동형)

③ 미래형
    I will eat an apple.
    An apple will be eaten by me.(수동형)

    cf) I will be gone.에서 will be + p·p형태의 수동형 같지만 수동태가 아니고 이문장에서 gone은 be동사 다음에 형용사 역할을 한다.
    나는 사라질 것이다. (나는 가고 여기에 없을 것이다.)의 의미이다.
    I will be/gone. (단순미래형이다)
    I will be/better prepered tomorrow. (나는 내일 더 잘 준비할 것이다.) 단순미래형
    I am prepered better today than
    I was yesterday, and I will be better prepered tomorrow than
    I was yesterday. I don't think, I am perpectly prepered.
    It is being published in June.
    It will be published in June.
    I am prepered.
    I was prepered.
    I will be prepered.
    I have been prepered.
    I will have been prepered.

④ 현재진행형
    I am eating an apple.
    An apple is being eaten by me.(수동형)

⑤ 과거진행형
    I was eating an apple.
    An apple was being eaten by me.(수동형)

⑥ 미래진행형
    I will be eating an apple.
    An apple will be being eaten by me.(수동형)

⑦ 현재완료형
    I have seen a tiger before.
    A tiger has been seen before by me.

⑧ 과거완료형
    I had built the building.
    The building had been built by me.

⑨ 미래완료형

I will have built the building by next year.

The building will have been built by next year by me.

현재완료형, 과거완료형, 미래완료형 문장의 수동태 변환은 능동태 문장의 주어는 by 뒤에 목적격으로 바꿔서 문장 뒤에 위치시키고, 능동태 문장의 목적어는 주격으로 변환시켜서 문장의 앞에 위치시킨다.

그리고 동어 부문은 능동태 문장 have(has) + 과거분사 사이에 been을 삽입시킨다.

더 자세한 수동태 변화는 다음에 문장 공부할 때 그때그때 언급하고 설명하기로 하자.

이처럼 영어문장 중에서 문장 성격상 능동태 문장 아니면 수동태 문장이다. 모든 수동태 문장에서는 과거분사가 사용되므로 과거분사의 역할이 중요하다고 하지 않을 수 없다.

5) 과거분사가 완료부정사, 수동형 부정사 구문에 사용하기 위하여

먼저 과거분사가 부정사에 사용되는 경우를 설명하기 전에 부정사가 무엇인지 설명하기로 하자. 부정사를 설명하기 위해서는 부정사와 동명사를 같이 비교하여 설명하여야 한다.

부정사와 동명사가 만들어진 이유는 다음과 같다.

한 문장에서 be 동사건 일반 동사건, 두 동사가 쓰일 때는 앞에 동사는 그대로 쓰이지만, 뒤에 쓰이는 동사는 부정사(to + 원형동사)로 바꾸어 주거나 동명사(동사의 ing형)로 바꾸어 주어야 한다.

문장의 뜻에 따라, 또 앞에 나오는 동사가 어떤 동사냐에 따라 뒤에 나오는 동사를 부정사 형태로 사용하여 주기도 하고 동명사 형태로 사용하기도 한다.

ex) I stopped to smoke.
　　　(부정사 형태)

　I stopped smoking.
　　　(동명사 형태)

위의 경우에 한 문장에서 stop이란 동사와 smoke란 동사 두 개를 사용해서 하나의 문장을 만드는 경우인데, 두 문장 모두 앞에 동사 stop은 시제가 과거이므로 stopped로 그대로 두고 뒤에 나오는 smoke 동사는 부정사로 바꾸어 주거나 동명사로 바꾸어 주어야 한다.

두 문장에서는 문장의 뜻에 따라 앞의 문장은 부정사를 시용하였고, 뒤에 문장에서는 동명사 형태로 바꾸어 주었다.

앞의 문장의 뜻은 "나는 담배를 피우기 위하여 잠시 멈추었다"의 뜻이 되고 뒤의 문장은 "담배 피우는 것을 끊었다"라는 다시 말하면 "금연하였다"의 뜻이 되므로 부정사가 뒤에 오느냐. 또는 동명사가 오느냐에 따라 문장의 뜻이 달라진다.

이 경우에는 특수한 경우이고, 일반적으로 뒤에 부정사를 쓰거나 동명사를 사용한다고 해서 문장의 뜻이 달라지지는 않는다.

부정사의 유형에는 크게 다음과 같은 4가지 형태가 있다.

① To learn English is not easy.
② I have a homework to do today.
③ I stopped to smoke on the way home.
④ To tell the truth, she is cheating me.

①의 경우는 부정사가 주어 격으로 쓰였고
②의 경우는 목적어인 homework을 수식해 주는 역할이고
③의 경우는 동사인 stopped를 설명해 주는 역할을 하고
④의 경우는 부정사가 독립적으로 쓰인 경우라고 할 수 있다.

부정사 용법의 대략적인 설명이었고, 그러면 부정사에서 과거분사는 어느 경우에 사용되는지 설명하기로 하자.

과거분사는 부정사의 용법 중 완료부정사의 경우에 쓰이는데 완료 부정사의 형태는 to have helped (to 현재완료)의 형태 또는 to have been helped (to + 현재완료형의 수동형)이며, 완료부정사의 시제는 앞의 동어 부문의 시제보다 일반적으로 시제가 하나 오랜 과거의 시제를 나타낼 때 쓰인다. 그러나 특별히 완료의 뜻이 아니면 잘 쓰지 않는다.

> ex) He tried to have helped my homework.
> (He tried that he had helped my homework.)

to have helped의 완료부정사는 tried(과거)보다 한 시제 더 과거시제이므로 과거완료형태(대과거)의 시제의 의미를 갖고 있다.

> ex) He seems to have suffered from pneumonia.
> He seems that he suffered from pneumonia.

위의 완료부정사의 시세는 앞의 seems 시제보다 한 시제 늦기 때문에 뒤에 문장에서 보듯이 suffered(과거)의 시제를 나타낸다.

> cf) I intended to see the movie. (나는 영화를 보려고 했었다.)
> I intended to have seen the movie. (나는 영화를 보려고 하였으나 보지 못했다.)

앞의 문장에서는 "영화를 보려고 했었다"의 의미지만 뒤에 문장처럼 to have seen과 같이 완료부정사가 쓰이면 하려고 하였으나 이루지 못한 사실을 나타낸다.
주로 wished, hoped, intended, expected, was, were 다음에 완료 부정사가 오면, 하려고 하였으나 이루지 못한 경우를 나타낸다.

I intended to have seen the movie.
(= I intended to see the movie. But I have not seen the movie.) 의 뜻이 된다.
(결국 보지 못하였으므로 결과의 뜻을 나타내므로 현재완료형을 사용하였다.)

I hate to be seen by others.
I hate being told by others.
I hate a thing done by others.
I hate a thing to be done by halves.

cf) 일반부정사의 수동 형태에서도 과거분사는 사용된다.

ex) That is a fairly strange reality to be faced with.
(부정사의 수동형)

추가적으로 "원형부정사"의 용법이 있다. 예를 들어 설명하면 다음과 같다.

① He made her cry.
② What made you come up with an idea?
③ I saw a bird sing.
④ I cannot but help him out.
⑤ I did nothing but enjoy.
⑥ You had better go home now.

원형부정사란 한 문장에서 앞에 동사가 쓰이고 뒤에 동사가 또 사용될 때 to부정사나 동사 + ing형(동명사) 형태로 바꾸어 주지 않고 동사원형을 그대로 사용하는 경우이다.

원형 부정사는 위에 예를 든 경우와 같이 앞에 쓰인 동사가 make, hear, see, let과 같이 사역동사 또는 지각동사일 경우에 쓰이고,

cannot but help (돕지 않을 수 없다.)
nothing but enjoy (오로지 즐기기만 하다.)
had better go. (가는 편이 낫다)와 같은

관용구에 원형동사가 쓰인다.

cf) I had better go home now. (원래 정식적인 표현)
 I'd better go home now. (had를 줄여서 'd로 표현)

 I'd better be going home now (be going 형태로도 사용한다.)
 I better go home now. (일반적으로 구어체에서는 had를 생략할 때도 있다.)
 You had better take it easy, because the place is on fire.

6) 과거분사가 동명사에 사용되는 경우

동명사는 말 그대로 동사가 ing 형태로 바뀌어서 명사 역할을 하는 경우를 말한다.

예를 들어 설명하면 다음과 같다.

① Making a lot of money is the goal of life.
② It is wasting your money uselessly.

③ I enjoy playing golf.
④ Thank you for your tipping.

①의 경우는 동명사 making이 주어 역할을 하고,
②의 경우는 동명사 wasting이 보어 역할을 하고,
③의 경우는 playing(동명사)이 enjoy 동사의 목적어 역할을 하고,
④의 경우는 전치사 for의 목적어 역할을 하여주며, 항상 전치사 다음의 동사는 동명사 형태를 취한다.

동명사도 부정사의 경우와 마찬가지로 동명사의 완료형 형태에서 동사의 과거분사가 사용된다.
(동명사의 수동형 형태, 동명사의 완료형 형태)

동명사의 완료형도 부정사의 완료형과 마찬가지로 뒤에 오는 동명사의 완료형은 앞의 동사의 시제보다 한 시제 더 늦은 시제를 나타낸다.

① I am not sure of her being a woman of sincerity.
② I am not sure of her having been a woman of sincerity.
③ I have been accused of having taken money from U.S.
          수동형   완료형

① 의 경우는 단순 동명사(being)의 문장이고
② 의 문장의 경우는 동명사의 완료형 형태의 문장이다.
③ 의 문장의 경우는 동명사의 완료형 형태의 문장이고 앞의 동어 부문의 시제가 현재완료 수동형이다.

① 의 문장을 바꿔서 쓰면
  I am not sure that she is a woman of sincerity.

② 의 문장을 바꿔 쓰면
  I am not sure that she was a woman of sincerity.
  (동명사의 완료형은 앞에 나온 동사보다 한 시제 더 과거를 나타내 줄 때 사용한다)

③ 의 문장을 바꿔 쓰면
  I have been accused because I had taken money from U.S.

문장에서 앞에 위치한 동사가 어느 동사냐에 따라서 뒤에 오는 목적어의 형태를 부정사로만 받을 수 있는 동사가 있고, 어떤 동사는 목적어로 동명사 형태로만 받을 수 있고, 어느 동사는 양쪽 다 받을 수 있는 동사가 있다.

① 목적어로 동명사, 부정사 모두 택할 수 있는 동사. Begin 동사는 양쪽 다 받을 수 있다.

  I began to read the book.
  I began reading the book.

② 동명사만 목적어로 택하는 동사

  I finished doing my homework.
  (finish 동사는 목적어로 doing 형태의 동명사를 사용하여야 한다)

  이와 같이 목적어를 동명사로만 사용하는 동사는 다음과 같다.
  (mind, enjoy, give up, avoid, finish, escape, admit, consider, deny, postpone, practice)

③ 부정사만 목적어로 선택하는 동사

    I hope to come true my dream.

    위의 hope 동사는 목적어로 to come의 부정사를 사용하였다.
    이와 같이 목적어를 부정사 형태로 받는 동사는 아래와 같다.

    (wish, hope, care, choose, expect, refuse, decide, mean, plan)

위의 3가지 동사를 구분하여 외우려고 하지 말고 문장을 통해서 자주 접하다 보면, 자연스럽게 구분해서 사용하게 된다.

동명사의 관용적 용법

관용적 용법이라는 것은 미국 사람들이 일반적으로 이러한 형태로 주로 사용한다는 의미이다.

① There is no accounting for the situation.
   (= It is impossible to account for~) → account for → explain

② It is no use trying to recover the fame.
   (= there is no use in trying to~)

③ I could not help spending the money.
   (= I cannot but spend~)
   (I have no choice but to spend~)

④ This is the house of his own painting.
   (painted by himself)

⑤ On hearing the news, I called to my brother.
   (As soon as I heard the news~)

⑥ It goes without saying that you should do homework right now.
   (= It is needless to say that~)

⑦ My mind needs healing.
   (needs to be healed)

기타) need ~ing =(need to be + 과거분사)
     feel like ~ing (feel inclined to + do)
     make a point of ~ing (make it a rule to + do)
     be worth ~ing (be worth while to + 원형동사)
     be on the point of ~ing (be about to)
     come near ~ing (nearly escape ~ing)
     be far from ~ing (be never)
     what do you say to ~ing? (let's + 원형동사)
     (what do you say to going? → Let's go)

동명사를 목적어로 쓸 때와 부정사를 목적어로 쓸 때 문장의 의미가 달라지는 경우가 있다.

I stopped to smoke.
I stopped smoking.
(뜻의 차이점은 앞에서 설명하였다)

① I remember to meet him. (나는 그 사람을 만날 것을 기억하고 있다.)
② I remember meeting him. (나는 그 사람을 만났던 것을 기억하고 있다.)

Remember 동사 다음에 목적어로 부정사(to meet)를 사용하면 미래의 뜻을 나타내고 Remember 동사 다음에 동명사(meeting)이 오면 과거의 의미를 나타낸다.

①의 문장은 "나는 그 사람을 곧 만날 것을 기억한다."의 의미이고
②의 문장은 "나는 그 사람을 만났던 것을 기억한다."의 의미이다.

7) 과거분사가 분사구문에 사용되는 경우

분사하면 현재분사와 과거분사가 있다.

① 현재분사는 일반동사의 ~ing 형태이다. 그리고 형용사 역할을 한다.

   ex) an exciting man.
       a sleeping baby.

   과거분사 역시 형용사 역할을 한다.

   ex) a broken heart
       a fallen leaf

② 분사(현재분사. 과거분사)는 보어의 역할도 한다.

   ex) He stood looking at the animal.
       He sat surrounded by the audience.
       I saw him speaking English.

③ 과거분사가 분사구분에 사용되는 경우.

   cf) I was angry. (화가 났다.)
       I was getting angry. (화가 나게 되었다.)

> ex) Having received no answer, I was getting angry.
>   (As I had received no answer, I was getting angry) 과거진행형이 아니다.
>
>   The sun having set, we went back home.
>   (After the sun had set, we went back home.)

분사구문은 위와 같이 앞에 접속사나 주어를 생략하여 문장을 줄여서 나타내고자 할 때 사용한다.

현재완료 형태의 분사 구문 역시, 뒤에 문장의 시제보다 더 과거이다.

The sun having set, ~에서와 같이 앞의 문장과 뒤에 문장의 주어가 다를 때에는 분사구분으로 할 때, 앞 문장의 주어를 생략하면 안 된다.

일반적인 분사구문의 사용법은 다음과 같다.

① Walking along the street, I met my uncle.
   (While I was walking along the street, I met my uncle.) [시간]

② Not knowing where to go, I asked him about the geography.
   (As I didn't know where to go I asked him about the geography.) [이유]

③ Turning to the right, you will find the city hall.
   (If you turn to the right, you will find the city hall.) [조건]

④ Admitting what you say, I cannot follow him.
   (Though I admit what you say, I cannot follow him.) [양보]

⑤ Speaking and listening, We studied English hard.
   (As we spoke and listened, We studied English hard.) [부대상황]

cf) Having been accused of having taken money from him, I got sentenced for life in prison. [이유]

8) 과거분사가 가정법에 사용되는 경우

가정법이란, 용어 자체가 의미하듯이 현실성이 없는 경우를 가정하여 나타내는 경우이다.

예를 들면,

① "해가 서쪽에서 뜬다면, 나는 그 일을 하겠다."
   (현실 불가능한 경우)

② "내가 너라면. 공부를 열심히 하겠다."
   (내가 너 일수는 없는 것이다. 말 그대로, 내가 너라면 이라고 가정 하는 것이다.)

③ "내가 과거에 공부를 열심히 하였더라면, 내가 원하는 대학에 들어갔었을 것이다."
   (결국은 공부를 열심히 안 해서, 원하는 대학에 못 들어 갔다는 이야기다.)

가정법에도 시제에 따라 아래와 같이 4가지 경우가 있다.

① 가정법 현재: 현재 혹은 미래에 대한 단순한 가정.
   If he be honest, I will employ him.
   (= If he is honest, I will employ him.)
   be 대신 is를 사용해도 된다.

② 가정법 과거: 현재 사실에 반대되는 상황을 가정.
   If he were honest, I would employ him.
   (As he is not honest, I will not employ him)
   가정법에서는 he 다음에 was를 쓰지 않고 were를 사용한다.

③ 가정법 미래: 미래에 대한 매우 불확실한 경우를 나타낸다.
　　If it should rain tomorrow, the golf game will be cancelled.

④ 가정법 과거완료: 과거 사실에 반대되는 경우를 나타낸다.
　　Even if he had not apologized to me, I should not have lost my temper.

cf) what if 용법
　　What if Donald Trump got away with attempted coup on Jan?
　　What would have happened, if Donald Trump had gotten away with attempted coup on Jan?

If I had studied hard, I could have passed the qualifying exam.

(As I did not study hard, I could not pass the qualifying exam.)

Even though my friend should have apologized first for the aggravation he had caused me, I shouldn't have lost my temper.

I would never have discovered what happened if he hadn't called me on it.

If I had followed my teacher's advice, I could have succeeded in my life.
(As I did not follow my teacher's advice, I couldn't succeed in my life.)

위와 같이 과거분사는 가정법 과거완료에 사용되며, 가정법 과거완료는 과거 사실에 반대되는 것을 가정하여 표현하는 방법이다. 가정법 과거 완료의 형태는,

(If + 주어 + had + 과거분사~. 주어 + could. should. would + have + 과거분사~)의 문장 형태를 갖는다.

가정법에서 If 접속사를 생략하여 주려면 had가 앞으로 나가주면 된다.

ex) Had I followed my teacher's advice. I could have succeeded in my life.
　　(If I had followed my teacher's advice,~)
　　It is fully reasonable to assume that the first U.S. bomb would have been used against Germany had it been avaliable in time.
　　(had it been available in time → if it had been available in time)

① I wish I met you.
　　(I am sorry I don't meet you.)

② I wish I had met you earlier.
　　(I am sorry I didn't meet you earlier.)

I feel as if I die. (In fact, I don't die.)
I felt as if I died. (In fact, I didn't die.)

I feel as if part of me has died. (In fact, I didn't die.)

I feel as if I had died. (In fact, I have not died.)

I felt as if I had died. (In fact, I had not died.)

cf) Had she attended, she would have bored and one of your guests or her mother have had to entertain her.

I feel as if I die. (In fact, I don't die.)

I felt as if I died. (In fact, I didn't die.)

I feel as if part of me has died. (In fact, I didn't die.)

I feel as if I had died. (In fact, I have not died.)

I felt as if I had died. (In fact, I had not died.)

> You had better take it easy.

(it would be better for you to take it easy.)

> You had better have taken it easy.

(it would be better for you to have taken it easy.)

I feel part of me has died and my mother has already died over again.

I wish that I had met him earlier.

I wish it were true. (I am sorry it is not true.)

I wish it had been true. (I am sorry it was not true.)

He talks as if he knows everything. (In fact, he doesn't know everything.)

He talked as if he knew everything. (In fact, he didn't know everything.)

He talks as if he had read the novel. (In fact, he has not read the novel.)

He talked as if he had read the novel. (In fact, he hadn't read the novel.)

You had better go at once.

(It would be better for you to go at once.)

You had better have gone at once.

(It would be better for you to have gone at once.)

※ If you had helped me, it could have been done by me.

If you had helped me, I could have done it.

Had you helped me, it could have been done by me.(가정법 과거완료 수동태)

Had you helped me, I could have done it.(가정법 과거완료 능동태)

(If 절에서 If 가 생략될 때 had 가 앞으로 나온다.)

9) 과거분사가 화법에 사용되는 경우

영어 표현방법 중에 직접화법으로 표현하는 경우와 간접화법으로 표현하는 방법이 있다.

대체적으로 직접화법 표현이 많이 사용되지만 간접화법도 종종 사용 되며. 직접화법을 간접화법으로 표현하는 방법을 익혀 두어야 한다.

직접화법 예를 들면.

He told me that he had received that letter.의 문장을 간접화법의 문장으로 바꾸면 아래와 같다.

He said to me, "I have received this letter."와 같이 바꿔서 표현 할 수 있다.

이와 같이 간접화법에서도 현재 완료문장에서 과거분사를 사용한다.

간접화법의 " " 안에 현재완료형은 직접화법 문장에서는 과거완료형(had received)으로 바뀌며 앞에 동사 시제보다 한 시제 더 과거를 표시한다.

참고로 현재완료나 과거완료를 쓰지 않고 사용하는 직접화법과 간접화법의 문장을, 예를 들면 아래와 같다.

He promised, "I will do if I can."(간접화법)

He promised that he would do if he could.(직접화법)

의문문의 경우는 아래와 같다.

He said to me, "what do you do?"(간접화법)

He told me what I did.(직접화법)

10) 과거분사가 형용사로 쓰일 때

앞에 품사 설명중 형용사에서 설명하였으므로 생략함.
(미래형 수동태 문장이 아니고 과거분사가 형용사 역할을 하는 미래형 문장임)

I will be embarrassed.
I will be excited.
I have been married six times.
I will be prepared.
I have been carried away her.

지금까지는 건물의 공사로 치면 기초바닥 공사를 하였다. 건물공사 중에 밑바닥 공사가 매우 중요하다.

왜냐하면 밑에 바닥공사가 제대로 안 되면 이후에 그 위에 기둥이나 인테리어 공사를 아무리 잘한다 하더라도 이 건물은 오래 못가는 법이다.

지금까지 바닥공사를 동어 부문의 시제활용과 과거분사의 활용법으로 탄탄하게 다졌으리라 생각한다.

기초바닥 공사를 튼튼하게 한 후에는 그 바닥 위에 튼튼한 기둥을 세워야 한다. 그 기둥은 3가지 요소인 접속사, 관계대명사, 관계부사의 활용법으로 세워보기로 하자. 그리고 마지막으로 인테리어 공사는 명사, 형용사, 전치사, 부사, 관사, 조동사를 사용하면 된다.

다시 한 번 도표로 나타내면 아래와 같다.

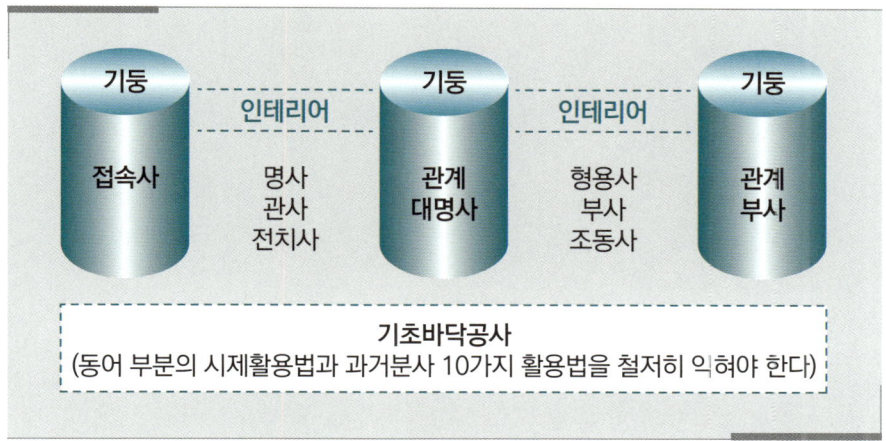

★Chapter 5

5
조동사의
이해와 활용법

5. 조동사 시제의 이해와 활용

1) 조동사의 이해와 활용 : 조동사를 포함한 문장도 긍정문, 부정문, 의문문을 만들 수 있어야 한다. (입으로 소리내어)

조동사의 변화와 용법(먼저 조동사 can, may, could, might, would, should, must, ought to에 대한 설명이 필요하고 각 조동사가 들어간 문장 또한 소리내서 입으로 긍정문, 부정문, 의문문 외워서 연습하기)

① 조동사 다음에는 be 동사가 올 수도 있고
　　It could be possible.
　　It might be possible.

② 조동사 다음에 일반동사가 올 수도 있고
③ 조동사 다음에 현재완료형이 올 수 있다.
④ 조동사 다음에 진행형이 올 수 있다.
⑤ 조동사 다음에 수동태 문장이 올 수도 있다.

> You should not be doing it.
> You could not be doing it.
> You might not be doing it.
> You would not be doing it.

should be doing, could be doing, might be doing, would be doing의 문장에서 조동사 다음에 be+~ing형의 문장도 진행형 문장이지만 의미는 진행의 뜻이 아니고 미래의 뜻을 나타낸다.

> We shouldn't be fighting against Taleban.

cf) We will not have to fight against Taleban. 문장에서 be+fighting 형태의 진행형 문장이지만 밑에 cf에서 언급하였듯이 미래형태의 문장이다.

> Afghanistan military isn't willing to fight against it.

> We might not be fighting against it.
> We could not be fighting against it.
> We wouldn't be fighting against it.
> We must be fighting against it.
> We (should be fighting) against it.

우리는 그것에 대항하여 싸워서는 안 될 것이다. 미래시점의 의미를 나타낸다.

앞에서 현재 진행형이 미래의 시제를 나타낼 수도 있다고 하였듯이 (cf: I am leaving soon.) (I will leave soon; I am going to leave soon.) 과 같이 조동사 should 나 could 다음에 현재 진행형이 오면 미래의 시제(할 수도 있을 것이다.), 해야만 할 것이다(should be doing), 할 수도 있을 것이다(could be doing) 과 같이 미래의 시제를 나타낸다.

I can do it.	I can't do it.	Can I do it?
I may do it.	I may not do it.	May I do it?
I could do it.	I couldn't do it.	Could I do it?
I might do it.	I might not do it.	Might I do it?
I would do it.	I would not do it.	Would I do it?
I should do it.	I shouldn't do it.	Should I do it?
I must do it.	I must not do it.	Must I do it?
I ought do it.	I ought not do it.	Ought I to do it?

원래는 will의 과거는 would
     can 의 과거는 could
     may의 과거는 might
     shall의 과거는 should
     must의 과거는 had to (have to)으로 규정되었으나 현재는 각 조동사의 과거형으로 사용되지 않고, 다른 용법으로 사용된다. 각 조동사의 용법에 대해서는 나중에 설명하기로 하자.

> cf) 1) Biden predicts that life could be normal by Christmas.
>   2) Biden predicts that life might be normal by Christmas.
>   3) Biden predicts that life should be normal by Christmas.
>   4) Biden predicts that life would be normal by Christmas.

위 문장은 일종의 가정법 문장이라고 볼 수 있다.

2) 조동사+현재완료형 용법 (일종의 가정법 문장이라고 볼 수 있다.)

I may have done it.	나는 그것을 할 수 있을 수도 있었다.
I might have done it.	나는 그것을 할 수 있을 수도 있었다.
I cannot have done it.	나는 그것을 했었을 리가 없다.
I must have done it.	나는 그것을 했었음에 틀림없다.
I should have done it.	나는 그것을 했어야만 했다.(결국은 하지 않았다.)
I should not have done it.	나는 그것을 하지 말았어야 했다.(결국은 하고 말았다.)
I could have done it.	나는 그것을 할 수 있었을 것이다.(가정법)
I would have done it.	나는 그것을 했을 것이다.(가정법)
I need not have done it.	(나는 그것을 할 필요가 없었다) (필요가 없었는데 했다라는 의미이다.)

영어의 문장 중에 조동사+현재완료 형의 문장을 만들어서 여러 가지 뜻의 문장을 만든다.
위의 문장에서 may have done과 might have done은 같은 뜻으로 쓰인다. 위의 문장의 뜻은 "과거에서부터 지금까지 어떻게 했어야 하였다"는 개념이므로 뒤에 현재완료 시제가 사용되었다. 독자는 각 조동사 다음에 왜 현재완료형이 사용되었는지를 시제의 개념상 이해하여야 한다. could have done과 would have done은 가정법 문장에서 유래된 것이다. 어떤 조건이 있으면 할 수도 있었을 것이고, 하였을 것이라고 가정 하는 것이다.

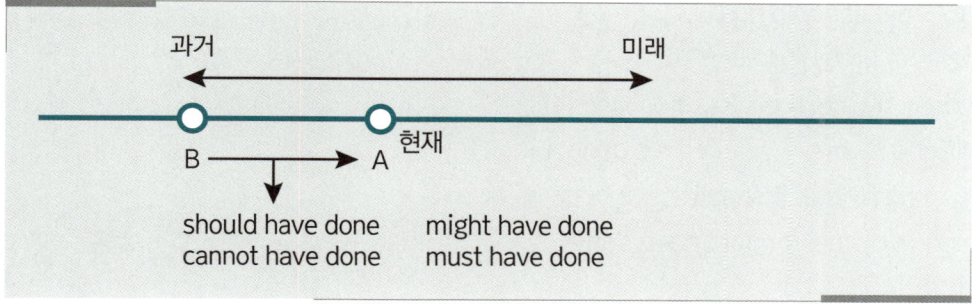

(조동사+현재완료: 현재완료의 결과적인 용법) 가정법 문장의 일종이라고 볼 수 있다.
그것을 과거시점 B에서부터 현재 A시점 까지 계속해서 했어야 됨을 나타내므로 should 다음에 현재완료형을 사용하였다. cannot have done도 같은 시제의 개념이다.
과거 어느 시점에서부터 지금까지 했을 리가 없다는 뜻이다.

3) 조동사의 기타 용법

① You may well do it. (...하는 것이 당연하다.)
   You have good reason to do it.

② You may as well see a doctor as soon as possible. (...하는 편이 낫다.)
   You had better see a doctor as soon as possible.

③ You may as well not do homework as do it incompletely,
   (~하기 보다는 차라리 ~하는 편이 낫다.)
   You would rather not do homework than do it incompletely.
④ You might as well not even think of it as expect me to do it.
   (~하기 보다는 ~하는 것이 낫다.)
   You would rather not even think of it than expect me to do it.

4) 조동사 문장의 수동태형

The U.S first bomb would have been used against Germany, had it been available in time.
(if it had been available in time.)

A lot of damage might have been done to your body during the time that your immune system left you undefended and susceptible to them.

Fourth vaccine might be needed.

It can be done. (by me) I can do it.
It could be done. (by me) I could do it.
It should be done. (by me) I should do it.
It might be done. (by me) I might do it.
It could have been done by me. (I could have done it.)
It would have been done by me. (I would have done it.)
It should have been done by me. (I should have done it.)
It might have been done by me. (I might have done it.)

(긍정문)
It should have been done.

(부정문)
It shouldn't have been done (by me).

(의문문)
Should it have been done by me?

5) be able to 의 시제

(can) can의 조동사로는 여러가지 시제를 나타낼 수 없으므로 be able to를 사용한다.

I was able to do it.	I am able to do it.	I will be able to do it.
I wasn't able to do it. (I was unable to do it.) Were you able to do it?	(I can do it.) I am not able to do it. (I am unable to do it.) Are you able to do it?	I will not be able to do it. (will be unable to do it.) Will you be able to do it? (may be able to do it.) (might be able to do it.) (I should be able to do it.)
I had been able to do it.	I have been able to do it.	I will have been able to do it.
I had not been able to do it. Had you been able to do it?	I haven't been able to do it. Have you been able to do it?	I won't have been able to do it. Will you have been able to do it?

조동사 can은 "할 수 있다"라는 조동사인데 can은 현재시제이고, 'be able to'와 같은 뜻으로 사용된다. can의 문장을 과거시제의 문장으로 바꾸려면 "was able to"의 시제를 사용하고, 미래시제로 바꾸려면 "will be able to+동사"를 사용한다. I could be able to do it.의 문장은 성립이 안된다.

cf) That has enabled us to gain international confidence.

I might have been able to do it.
I may have been able to do it.
I should have been able to do it.
I would have been able to do it.

I will be able to do it.
I may be able to do it.
I might be able to do it.
I should be able to co it.
I would be able to do it.

ex) America may not be able to go back to normal life until the end of 2021 from COVID 19.

cf) will not be able to
   might be able to
   have to be able to
   had to be able to
   would not be able to
   should not be able to
   can be able to(×)
   could be able to(×)

have to 의 부정문은 "~할 필요가 없다."의 뜻이다.
I have to do it. (I should do it.)
          (I must do it.)
          (I ought to do it.)

What is that supposed to mean?
what was that supposed to mean?
The Jan 6 cmte was supposed to take place in tuesday, but we have had to postpone it.

cf) must의 시제 (have to)

should나 must로는 각종 시제를 못나타내므로 has to(have to)를 사용하여야 한다.

I had to do it. (나는 그것을 해야 했다.) (I was going to have to do it.)	I must do it. I have to do it. I should do it. I ought to do it.	I will have to do it. (나는 그것을 해야 할 것이다.) I am going to have to do it.
I didn't have to do it. (나는 그것을 할 필요가 없었다.	I must not do it. (I don't have to do it.) 나는 그것을 할 필요가 없다.	I will not have to do it.
Did I have to do it? (I had got to do it.)	Do I have to do it? Must I do it? (I have got to do it.)	Will I have to do it?
I must have done it. I should have done it.	I have to do it. I don't have to do it.	I have got to do it. (I have to do it.)
I had had to do it. I hadn't had to do it. Had I had to do it?	I have had to do it. I haven't had to do it. Have I had to do it?	I will have had to do it. I will not have had to do it. Will I have had to do it?

What were you saying?
형태는 과거진행형이지만 실은 '너는 무엇을 말하려고 했었느냐? 과거 미래형의 뜻이다.
What are you saying?
문장의 형태는 현재진행형 형태이지만 미래형(What will you say?)를 나타낸다.

※ You don't have to worry about it.
　(너는 그것에 대하여 걱정할 필요가 없다.)

② be going to +원형동사(will, shall)의 시제

> I will have to fight against it.
> I should be fighting against it.
> I am going to have to fight against it.

위의 3문장 모두 미래 시제의 뜻을 내포하고 있다.

I am going to do it. I was going to do it. I will be going to do it.(×)　I will <u>be going</u> (to) school. (미래진행형 문장이다.)　　전치사 be going to 자체가 미래의 뜻을 포함한 관용어이기 때문에 will을 사용 안한다.
I am going to do it. I was not going to do it. I will not be going to do it.(×) be going to를 사용한 문장은 현재완료형은 안된다.
Are you going to do it? Were you going to do it? Will you be going to do it?(×)

③ be looking forward to +ing형의 시제

I am looking forward to meeting you. (나는 너를 만나기로 학수고대하고 있다.)
(현재 진행형 시제이지만 미래의 예정을 나타낸다.)
I was looking forward to meeting you. (나는 너를 만나기를 학수고대하고 있었다.)

be looking forward 자체가 미래을 나타내기 때문에 will 이나 shall을 사용해서는 안된다.

I don't have to do it. (나는 그것을 할 필요가 없다.)
I didn't have to do it. (나는 그것을 할 필요가 없었다.)
I will not have to do it. (나는 그것을 할 필요가 없을 것이다.)
(I won't have to do it.)

Cf) 의문사를 활용한 시제의 활용법

what 능동태

What did you do?	What do you do?	What will you do?
What were you doing then?	What are you doing now?	What will you be doing?
What had you done?	What have you done?	What will you have done?
What had you been doing?	What have you been doing?	What will you have been doing?

슬기로운 영어 공부 | 53

what 수동태

What was done?	What is done?	What will be done?
What was being done?	What is being done?	What will be being done?
What had been done?	What has been done?	What will have been done?
What had been being done?	What has been being done?	What will have been being done?

cf) I have had to do it.
　　I haven't had to do it. (I shouldn't have done it.)
　　I need not have done it.

where

where did you live?	where do you live?	where will you live?
where were you living?	where are you living now?	where will you be living?
where had you lived?	where have you lived?	where will you have lived?
where had you been living?	where have you been living?	where will you have been living?

Why

Why did you do it?	Why do you do it?	Why will you do it?
Why had you done it?	Why have you done it?	Why will you have done it?

How

How did you do it?	How do you do it?	How will you do it?
How had you done it?	How have you done it?	How will you have done it?

Who

Who did it?	Who do it?	Who will do it?
Who was doing it?	Who is doing it?	Who will be doing it?
Who had done it?	Who has done it?	Who will have done it?
Who had been doing it?	Who has been doing it?	Who will have been doing it?

I don't know what to do.
I don't know where to go.
I don't know when to go.
I don't know how to drive.
I don't know who to do it.
I don't know why to do.

what 능동태

What did you say?	What do you say?	What will you say?
What were you saying?	What are you saying?	What will you be saying?
What had you said?	What have you said?	What will you have said?
What had you been saying?	What have you been saying?	What will you have been saying?

what 수동태

What was said between you and me?	What is said between you and me?	What will be said between you and me?
What had been said between you and me?	What has been said between you and me?	What will have been said between you and me?

How

How was it going?	How is it going?	How will it be going?
How had it been going?	How has it been going?	How will have it been going?
How were you?	How are you?	How will be you?
How had you been?	How have you been?	How will have you been?

what

What was going on?	What is going on?	What will be going on?
What had been going on?	What has been going on?	What will have been going on?

의문사(how, what, where, who, where, when) 다음에는 각종 시제가 올 수 있다.
입으로 연습하는 것이 중요하다.

How

How are you?
How were you?
How can you say it to me?
How can you be so interested in them?
How much do I owe you?
How far is it from here?
How have you been?
How about this?
How about meeting this Friday?
How beautiful it is!
How can you solve it?
How come did you do it? (why)
How truly did you try to love others?
How much do you weigh?
How many pencils do you have in your case?
How tall are you?
How wide is it?
How much do you like it?
How can it be done without damage? (How couldn't it be damaging on me?)
How closely have you been following the CBS news controversy?
How do your channels do in china?
How do you expect TV journalism to charge in the next five years?
How would you describe her?
How much have you been rewarded for abandoning weapons?

Who (which)

Who are you?
Who is it?
Who is next?
Who else do you want to do it?
Who did it? Who has done it?
Who invented the radio?
Who is the tallest man in your class?
Who has been your most surprising fan?
Who else could it have been?
Who does it remind me of?

Who was your English teacher in your high school days?
Who will be your math teacher in the next semester?
Who is going to be your math teacher?
Who ate an apple?
Who has eaten an apple on the table?
Who will eat an apple in the table?
Who can do it?
Who should do it?
Who will be able to do it?

When

When is your birthday?
When will you do your homework?
When were you born?
When was the party hold?
(until)
When are you going to do your homework?
When are you going to start Twitering?
When did you break up with your girlfriend?
When are you going to be able to finish it?
When you resigned from your company, how much did you get for your retirement pension?
When do you expect me to do?
When do you want me to do?
When are you going to say that?
When were you going to say that?
When have you met him?
When did you meet him?
(until)
When have you been doing that? (since when, have you been doing that?)
When will you have finished your homework?
When will you be able to finish your homework?
When will the children be able to get vaccine?

What

What is that?
What is this?
What are you saying? (What are you going to say?)

What were you saying? (What were you going to say?)
What are you talking about?
What were you talking about?
What have you been talking about?
What are you going to do?
What do you want to do now?
What does he want to do now?
What else did you do?
What else have you done?
What a beautiful it is!
What is more important thing is to understand it. (의문사가 아닌 관계 대명사)
It is not what we were taught. (관계 대명사)
Chauvin's action goes contrary to do what we were taught what we learned.
What was your reaction?
What about you?
What about politics?
What do you consider the most important story of this decade?
What's up? not much.
What do you do?
What did you do?
What have you done?
What have you been doing?
What are you doing?
What were you doing?
What will you do?
What will you be doing?
What else has she got to do?
What happened to you? (last night)
What has happened to you? (by now)

Where

Where do you live?
Where have you lived?
Where did you live?
Where have you been living?
Where do you start?
Where was this taken?
Where is your notebook?

Where did you get it?
Where were you born?
Where are you going to get married?
Where did you get married?
Where did you take the driver license test?
Where is a good place to go on a picnic?
Where did you buy your sweater?
Where did you pick off an apple?
Where are you from?
Where is an appropriate place to tell it?
Where is your final destination?
Where is the most beautiful place in the world?
Where do you want to be buried after dying?
Where did it happen?
Where has it happened?

Why

Why are there no ugly people reading the nightly news?
Why do you think that is?
Why is it still so hard for female directors?
Why are you so late?
Why were you absent from school?
Why have you killed him?
Why are you going to go abroad?
Why were you trying to commit a suicide?
Why did you get divorced with your wife?
Why did you marry her?
Why are you looking so pale?
Why not the best?
Why not?
Why are you crying?
Why are you leaving there?
Why have you been crying until now?
Why did you steal his wallet?
Why will you be going there?
Why have you made him angry?

What

What are your thoughts on losing game?
What story have you felt most passionate about covering?
What is your worst skating to fashion faux pas?
What is the big announcement?
What do you expect me to do?
What advice do you need?
What did you ask us for?
What were you going to say before?
What did you get paid?
What makes you think that?
What does it remind me of?
What's been said between your heart and mine?
What sort of act do you do?
What do you fight about?
What do you keep in there?
What is that supposed to mean?
I am doing what needs to be done.
(while economic issues are very important, we need to figure out what needs to be done to raise good citizens and nurture personal integrity!)
What is your next?

How

How do you maintain street credibility?
How I wish you would?
How long has it been going on?
How much do you love me?
How much did you love me?
How much have you loved me?
   (until now)
   (up to now)
How are you paying for this?
How long are you intending to stay in Britain?
How much longer are you staying in London?
How can you stop the rain from falling down?
How do you think what I am doing?

How old do you think exactly I am?
How long have you talked about me behind my back?
How couldn't it be damaging on me?
How do you spell that?
How can you ask me that?
How can you be so interested in them?
How often do you go to museum?
How should I do when you are in trouble?

※ ever와 enven 용법을 아는 것도 매우 중요하다.
Even now, I can't figure it out. (위 문장에서 even의 의미는?)
You are the smartest boy I have ever met. (위 문장에서 even의 의미는?)
Have you ever seen her? (위 문장에서 ever의 의미는?)

★Chapter 6

6
시제의 활용
(12가지 시제)

6. 시제의 활용

1) 12가지 시제의 개념

시세의 종류를 보면 크게 12가지가 있다.

① 단순 현재형
② 단순 과거형
③ 단순미래형
④ 현재진행형
⑤ 과거진행형
⑥ 미래진행형
⑦ 현재완료형
⑧ 과거완료형
⑨ 미래완료형
⑩ 현재완료 진행형
⑪ 과거완료 진행형
⑫ 미래완료 진행형

불규칙 동사표(Irregular Verbs)

abide	abode	abode	keep	kept	kept
arise	arose	arisen	lie	lay	lain
be	was, were	been	make	made	made
bear	bore	born	mean	meant	meant
become	became	become	meet	met	met
begin	began	begun	misunderstand	misunderstood	minunderstood
bend	bent	bent	overcome	overcame	overcome
bite	bit	bitten	prove	proved	proved(proven)
blow	blew	blown	put	put	put
break	broke	broken	quit	quit	quit
bring	brought	brought	read	read	read
buy	bought	bought	ring	rang	rung
catch	caught	caught	rise	rose	risen
choose	chose	chosen	run	ran	run
come	came	come	see	saw	seen
cut	cut	cut	sell	sold	sold
deal	dealt	dealt	send	sent	sent
dig	dug	dug	shake	shook	shaken
do, does	did	done	shrink	shrank	shrunk
draw	drew	drawn	shut	shut	shut
drink	drank	drunk	sing	sang	sung
drive	drove	driven	sit	sat	sat
eat	ate	eaten	sleep	slept	slept
fall	fell	fallen	speak	spoke	spoken
feel	felt	felt	spend	spent	spent
find	found	found	spread	spread	spread
forget	forgot	forgotten	spring	sprang	sprung
forgive	forgave	forgiven	steal	stole	stolen
freeze	froze	frozen	swear	swore	sworn
get	got	gotten	swell	swelled	swollen
give	gave	given	swim	swam	swum
go	went	gone	take	took	taken
grow	grew	grown	teach	taught	taught
hang	hung	hung	tear	tore	torn
have, has	had	had	tell	told	told
hear	heard	heard	think	thought	thought
hide	hid	hidden	throw	threw	thrown
hold	held	held	undergo	underwent	undergone
hurt	hurt	hurt	upset	upset	upset
keep	kept	kept	wake	woke	woken
know	knew	known	wear	wore	worn
lead	led	led	win	won	won
let	let	let	write	wrote	written

앞에서 과거분사 활용법 10가지를 설명하는 과정에서 현재완료형, 과거완료형. 미래완료형 3가지에 관하여는 설명하였으므로 나머지 시제에 대하여 간단히 설명하기로 하자.

현재완료형, 과거완료형. 미래완료형 활용에 대하여 익히고 나면 나머지 시제에 대한 활용법을 익히는 것은 어렵지 않다.

⑦⑧⑨항은 앞에서 설명하였기에 생략한다.

(1) 단순 현재형

앞의 도표에서 보았듯이 때가 현재를 나타내는 문장은 동어 부문에서 동사의 현재형을 사용하면 된다.
(I read a book.)
　(rid)

ex) I am a boy. (현재사실)
　　He goes to school. (go 동사의 현재형)
　　The earth rounds for 24hours. (현재형: 사실, 진리를 나타날 때)

(2) 과거형

시제가 과거의 어느 한 시점을 명확히 지정할 때 동사의 과거형을 사용 한다.

ex) I went to school yesterday. (어제란 과거시점이 분명하다.)
　　(go 동사의 과거형)
　　I left home 20 minutes ago.(20분 전이란 과거시점이 분명하다.
　　(I read a book.)
　　　(red)

(3) 미래형

미래의 어느 한 시점을 명확히 지정해서 동사의 시제를 나타낼 때. 동사 앞에 will이나 shall을 사용하여 미래형 문장으로 바꿔준다.

ex) I will go to school tomorrow. (I am going to school tomorrow.)
　　(go 동사의 미래형) (내일이라는 미래시점이 확실하다)
　　What shall I do? (What are you going to do?)
　　(do동사의 미래형) will 대신 be going to로 대신 하기도 한다.
　　I will become a professor in the future.
　　(동사 become의 미래형) (장래라는 미래시점이 분명하다)
　　What were you going to do? was going to + 동사, were going to +동사는 과거에 무엇을 하려고 했었느냐의 뜻이다.

도표로 나타내면 아래와 같다.

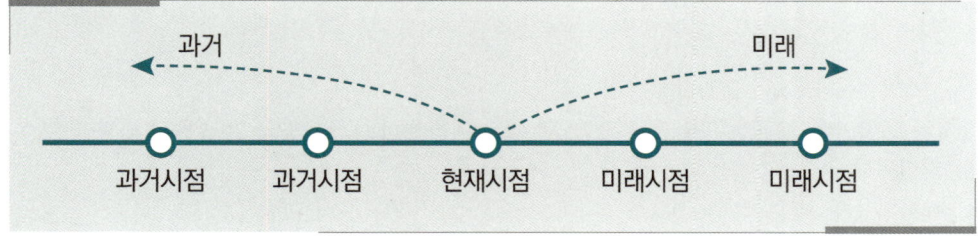

I am leaving here now. (= I am going to leave here now.)

앞의 도표에서 보듯이. 시제가 현재 시점을 나타내면 동사의 현재형을 사용하면 되고 과거시점이 확실하면 동사의 과거형을 사용하고 미래시점이 확실하면 동사 앞에 will이나 shall을 붙여서 미래형 문장으로 바꿔 준다.

What are you saying? 이 문장은 시제는 현재진행형이지만 의미는 미래를 나타낸다. (너는 무엇을 말하려고 하느냐?)
What were you saying? (너는 전에 무엇을 말하려고 했었느냐?)
미래형을 만드는 방법은

첫 번째, 일반동사 앞에 will, shall의 조동사를 써서 만드는 방법이 있고,
두 번째는 be going to+동사의 형태로 만들어 주고,
세 번째는 be 동사 +~ing형 즉, 현재진행형 형태로 미래의 시제를 나타내 준다.
(I will read a book.)

(4) 현재진행형

현재진행형은 지금 현재 무엇을 하고 있는 중인 것을 나타낼 때, 동어 부문을 be동사 + -ing(일반동사) 형태로 바꿔 준다.

ex) I am doing homework.
　　I am writing a letter.
　　He is eating dinner.
　　Be동사 다음에 ~ing형이 올 때 진행형이 아닌 경우도 있다.

ex) What I want is keeping the promise. (현재 진행형이 아니다.)
　　(이 문장에서 keeping은 현재분사형이 아니고 동명사이다.)
　　(내가 원하는 것은 약속을 지키는 것이다.) be동사+ing형태지만 현재 진행형이 아니다.
　　(I am reading a book.)

(5) 과거진행형

과거진행형은 과거에 무엇을 하고 있던 중인 것을 나타낼 때 쓰며. was나 were 다음에 일반동사 ing형을 사용하여 과거진행형으로 바꿔준다.

ex) I was doing homework.
　　I was writing a letter.
　　You were eating dinner.

cf) 어느 경우에는 be동사 + ing형이 현재진행형의 뜻을 나타내지 않고 미래의 시제를 나타내는 경우도 있다.
　　I am leaving home tomorrow.
　　(나는 내일 집을 떠날 예정이다.)
　　(I am about to leave home tomorrow.)

I am going to do it.
(형태는 현재 진행형이지만 미래의 시제를 나타낸다)
(= I will do it.)

You were saying. (What were you saying?)
(영화 대화에 나오는 표현인데. 형태는 과거진행형이지만 일반 대화에서는 상대방의 말이 중단 되었을 때, 다시 이야기를 계속하라는 의미이다.)
You are saying now?
You were saying then?
What are you saying now?
What were you saying then?

I was going to say about that. (l was about to say about that.)
(형태는 과거 진행형이지만 의미는 과거에 _____ 을 하려고 의도했었다 라는 뜻이 된다.)
"나는 전에 그것에 관하여 말을 하려고 했었다."의 의미가 된다.
(I was reading a book.)

How are you spending your summer vacation? (미래형)

The hard part is keeping connections strong during the natural ups and downs.
(현재진행형이 아니고 여기에서 keeping은 동명사 역할을 한다.)

(6) 미래진행형

미래진행형은 미래에 무엇을 하고 있는 중일 것이다 라는 뜻의 시제를 나타낼 때 동사 부문을 will be 다음에 일반동사 ing형을 사용하여 미래 진행형 문장으로 바꿔준다.

ex) I will be reading a book. (나는 책을 읽을 것이다.)
　　I will be dating with my girlfriend. (나는 여자 친구와 데이트를 할 것이다.)
　　He will be dying in the hospital due to his stomach cancer. (그는 위암으로 병원에서 죽을 것이다.)
　　미래 진행형은 해석을 두 가지 경우로 한다. 첫 번째는 미래 시점에 무엇을 하고 있는 중일 것이다 이고, 두 번째는 형태는 미래 진행형이지만 , 진행형으로 해석하지 않고, 미래 시점에 무엇을 할 것이다 라고 해석한다.

ex) I will be waiting for you. (나는 너를 기다리고 있는 중일 것이다가 아니고, 나는 너를 기다리겠다 라고 해석한다.)
　　I will wait for you. 문장의 단순미래형과의 차이점은 I will be waiting for you.는 "지금부터 죽 기다리겠다"의 의미이고 단순과거형은 막연하게 "언젠가 기다리겠다"의 뜻이다.

(7) I have read a book.
(8) I had read a book.
(9) I will have read a book. 항은 이미 설명으로 생략

※ 영화 예고편 선전할 때 coming soon!이라는 것은 어떤 문장이 생략된 것일까?
　　(It will be coming soon. 의 문장이 줄여진 것이다.)
　　(이 영화는 곧 상영될 것이다.)
　　영화 자막에서 "To be continued"의 문장은 This movie is to be continued의 문장으로 볼 수 있다.
　　　　　　　　　　　　　　　　　　　　(이 영화는 계속될 것이다.)
　　"be동사+to부정사"는 미래에 예정된 것을 나타낸다.

This movie will be continued.
(I will be reading a book.)

(7) 현재완료형 (8) 과거완료형 (9) 미래완료형에 대한 설명은 앞에서 설명하였기 때문에 생략하기로 한다.

(10) 현재완료진행형(have(has) been + 동사의 ing형)

현재완료진행형은 과거시점에서 무엇을 하기 시작하면서 지금도 하고 있을때 사용하며,
형태는 has bean~ing, have been~ing 형태이다.

ex) It has been raining since the day before yesterday.
　　I have been reading a book until now.
　　(I have been reading a book.)
　　I have been studying English since 2 years ago.
　　I have been waiting for you since a while ago.

(11) 과거완료진행형(had been + 동사의 ing형)

과거완료진행형은 오래된 과거시점에서 어떤 일을 시작하여 최근 과거시점까지 계속해오고 있는 중일 때 쓰이며, 동사 부문의 형태는 위의 괄호 속의 형태이다.
　ex) My father had been working when I arrived home.
　　　(나의 아버지는 내가 집에 도착했을 때도 일을 하고 있는 중이었다.)

(12) 미래완료진행형(will have been + 일반동사의 ing형)

ex) I will have been studying English for 3 years from this year.
　　(I will have been reading a book.)

미래완료진행형은 지금 무엇을 시작해서 미래 어느 시점까지도 하고 있을때 사용하며,
형태는 will(shall) have been~ing 형태이다.

2) 시제의 과거, 현재완료, 과거완료, 미래완료 개념과 차이점

많은 한국 사람들이 영어 공부를 10년 이상하고도 과거, 현재완료, 과거완료를 구분하여 활용하지 못하고 있다. 미국 학생들은 초등학생(Elementary School student)도 구분하여 활용하고 있다.

다시 말하면, 특히, 과거, 현재완료, 과거완료를 구분하여 활용하지 못한다. 필자도 10년 이상 영어공부를 하고도 구분하여 활용하지 못하였다. 심지어는 상위의 Toefl 성적을 받고도 구분하지 못하였다. 특히 활용하는 데는 더 형편없었다. 영어는 다시 말하지만 생각하지 않고 입에서 튀어 나와야 한다. 그러기 위해서는 시제의 사용이 수학의 구구단 같이 한 번 외워 놓으면 입에서 튀어 나오게 되어있다. 먼저 도표로 과거, 현재완료, 과거완료, 미래완료의 개념에 대하여 설명하기로 하자. 여기에서 4가지 시제만 구분하는 이유는 12가지 시제에 있어서 나머지 8가지 시제는 그렇게 구분과 활용 방법이 어렵지 않기 때문이고, 앞에서 말한 4가지 시제의 개념이 혼동되고 완전히 이해해서 활용하기가 어렵기 때문이다.

① 과거시제

과거시제는 단순히 과거의 한 시점을 나타낸다. 그래서 동사의 과거동사를 사용하면 된다. A시점이든 B시점이든 C시점 이든 한 시점에 해당되는 때를 나타내는 시제이다.

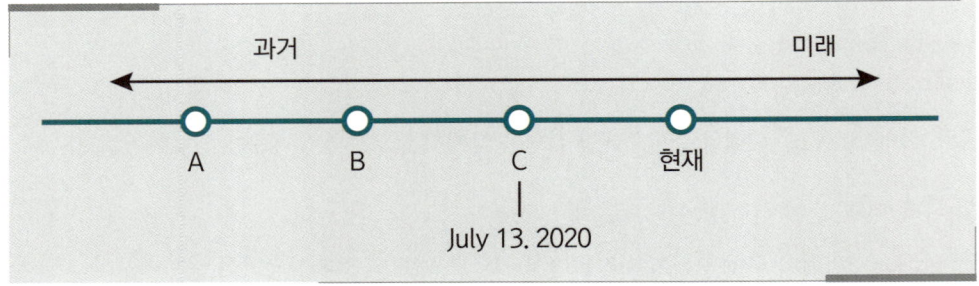

가) More than 200 Americans died of Corona virus on 13. Jan, 2020. (과거시제)
　(C시점이 Jan.13. 2020 이라면, 이날 하루에 200이상의 미국 시민이 코로나 바이러스로 인하여 사망했다는 의미)

나) More than 1,000 Americans have died of Corona virus. (현재완료 시제)
　(코로나 바이러스로 인하여 Jan.13. 2020부터 지금까지 현재까지 1,000명 이상이 사망했다는 의미)

예문을 들면
I met my friend yesterday.
meet의 과거동사 사용 (어제라는 과거시점)
I saw a tiger 30 minutes ago.
see의 과거동사 사용 (30분전이라는 과거시점)
I played basketball the day before yesterday.
play의 과거동사 사용 (어제라는 과거시점)

I was absent from school yesterday.
am의 과거동사 사용 (어제라는 과거시점)

앞에서와 같이 과거의 한 시점의 때를 나타낼 때는 be 동사이건 일반동사 이건 그 동사의 과거형을 사용하면 된다.

② 현재완료 시제

과거시제는 단순히 과거의 한 시점을 나타낸다. 그래서 동사의 과거등사를 사용하면 된다. A시점이든 B시점이든 C시점 이든 한 시점에 해당되는 때를 나타내는 시제이다.

2.1) 완료의 경우

문제는 현재완료 시제의 이해와 활용법이다.
현재완료 시제는 회화나 작문에서도 많이 활용되고 있고. 미국에서는 어린이들도 현재완료 시제를 일상 생활에서 많이 사용하고 있다. 현재완료의 개념을 도표로 설명하면 아래와 같다.

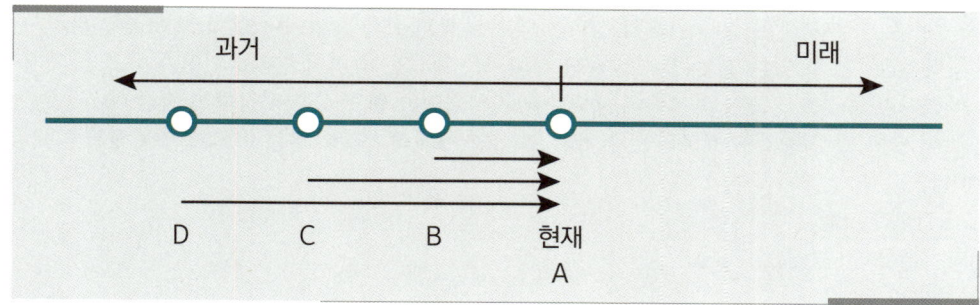

현재완료의 개념은 과거시제처럼 과거의 한 시점에서 일어난 경우가 아니고 어떤 행위나 동작의 개념이 과거의 한 시점에서 지금 까지의 한 동안에 해당되는 경우이다. D에서 A가지 해당되든, C시점에서 A까지 이든지, B시점에서 A까지 이든지의 경우이다.

지금까지 한국 영어 참고서에는 현재완료 용법은 have(has)+과거분사(p.p)의 형태로 과거의 완료, 계속, 경험, 결과일 때 사용한다고 설명되어 있다.
이 말을 정말 이해하고 활용하는 사람이 얼마나 될까이다.

예를 들면, 3시간 전에 숙제를 하기 시작해서 방금 마쳤다고 하면 과거 3시간이라는 시점에서 숙제를 시작해서 지금 끝낸 상태이다. 그렇지만 일반적으로 ,"나는 지금 막 숙제를 다 했다"라고 표현한다. 3시간 전에 시작했던 1시간 전에 시작했다 라는 것이 중요한 것이 아니라, 숙제를 지금 끝마쳤다는 라는 것은 과거 어느 시점에 시작해서 결국 지금 막 끝마친 것이다. 그러니까 결국 과거에 어떤 동작을 시작해서 쭉 끌고오다 지금에서야 끝마친 것이다. 결국은 현재 시점에서의 완료를 뜻한다. 이럴 경우에 현재완료 시제를 사용한다. 다시 말하면, 현재 숙제를 마쳤다는 것은 현재 시점에 순간적으로 마칠 수가 없는 것이다. 완료하는 개념은 과거의 어느 시점에 시작해야 현재 마칠 수가 있다. 그래서 도표에서 보듯이 과거 어느 시점, D, C, B가 되었든 그 시점에서 시작해서 A의 현재 시점에 끝마친 것이다. 그래서 이러한 경우에 현재완료를 사용해 주어야 한다.

I have just finished my homework. (○)
 (have+ 과거분사) (나는 숙제를 막 마쳤다.)
I finished my homework. (×)
주어가 he, she 일 때는 (has+과거분사)의 형태가 되어야 한다.
I have eaten lunch. (나는 점심을 다 먹었다.)
She has eaten lunch. (그 여자는 점심을 다 먹었다.)
점심을 다 먹었다는 것은 과거에 시작해서 지금 다 먹었다는 것이다.
점심을 순간적으로 다 먹을 수는 없는 것이다.

2.1) 계속의 경우

예를 들어서 영어 공부를 2시간 전에 시작해서 지금까지 계속 해 왔다고 하였을 때, 다시 말하면 "나는 지금까지 영어공부를 계속해서 해오고 있다"는 것을 나타낼 때,
I have studied English since 2016.
 (have+과거분사) study의 과거분사 (study-studied-studied)
 (나는 2016년부터 지금까지 영어 공부를 계속 해 오고 있다.)

현재완료의 계속적 용법은 과거 어느 시점에서 어떤 동작을 하기 시작해서 지금까지도 계속하고 있다라는 개념의 시제를 나타낼 때 사용한다. 일반적으로 "나는 영어 공부를 지금까지 계속 하고 있다." 라는 것은 영어 공부를 과거 어느 시점부터 하기 시작하여 지금까지도 한다는 것을 나타내므로 현재완료로 나타내 주어야 한다.
I have run this business since 2016.
  have+run의 과거분사 (run-ran-run)
(나는 이 사업을 2016년부터 지금까지 해왔다.)

여기에서 우리가 주의해야 할 점은 완료와 계속은 어떻게 보면 같은 개념이다. 완료를 하려면 과거시점에서 지금까지 계속 해 와야 할 수 있는 개념이다. 단순히 차이점은 완료는 과거시점에서 어떤 동작을 시작해서 현재시점에 모두 마쳤다라는 것을 강조하고 계속의 개념은 과거시점에 어떤 동작을 시작해서 지금 마친 것이 아니고 지금까지 계속 해 오고 있다는 것을 강조하는 것이다. 그러면 아래의 문장에서는 어떻게 구분해서 이해를 해야 하는지 문제이다.
I have read this book.
 (have+과거분사) read-read- read

*read 동사는 현재형-과거형-과거분사형이 모두 spelling 이 같고, 발음만 차이가 나는데,
  현재동사는(ri:d) 과거동사는(red) 과거분사는 (red)이다.

위 문장을 보고 우리는 2가지로 해석 할 수 있다.
나는 이 책을 다 읽었다.
나는 이 책을 읽어 왔다.

위의 문장만 보고는 완료나 계속 양쪽으로 해석할 수 있다.
그러나 문장에서 완료나 계속을 구분해 주기 위해서 다른 단어를 사용해 준다. 다시 말하면
I have just read this book.
I have read this book since 3hours ago.
위에 문장은 just 라는 단어 때문에 지금 막 이 책을 다 읽었다이고 밑에 문장은 from 3 hours ago 때문에 계속적인 용법으로 밖에 볼 수 없다.

2.3) 경험의 경우

과거의 경험한 것도 현재완료로 사용해 주어야 한다. 예를들면 "나는 전에 호랑이를 본 적이 있다." 라는 것은 과거의 경험을 나타낸다. 10년 전에 호랑이를 보았든, 7년 전에 보았든, 3시간 전에 보았든 1초 전에 보았든, 하여튼 "호랑이를 전에 본 적이 있다"라는 것이다. 이런 경우에
I saw a tiger before. 라고 표현하면 틀린 표현이다.
I have seen a tiger before. 라고 현재완료형으로 표현해 주어야 한다. see - saw - seen
"나는 폐렴을 앓은 적이 있다."를 표현하려면
I have suffered from pneumonia.로 나타내야지
 (have+과거분사)
I suffered from pneumonia.의 과거시제로 나타내면 틀린 표현이다.
폐렴을 10년 전에 앓았든, 1년전에 앓았든, 이틀전에 앓았든, 과거 어느 시점에서 현재 까지의 경험을 나타내 줄 때 과거시제를 쓰지 않고 현재완료 시제를 사용해 주어야 한다.

2.4) 결과의 경우

과거의 어떤 결과를 얻었을 경우, 과거시제를 쓰지 않고 현재완료의 시제를 사용해 주어야 한다.
"예를들어 나는 지난 학기 경제학 과목에서 A 학점을 받았다."
는 것은 지난 나의 경제학 과목 학점 결과이다. 그래서 현재완료 시제를 사용해 주어야 한다.

  I have got A in Economics last semester.
   (have+과거분사) get-got-got

We are very sorry to inform you that you have failed in your qualifying exam.
We are very pleased to inform you that you have passed in your qualifying exam.
(우리는 네가 자격 시험에 통과하지 못한 것을 통보하게 되어서 미안하다.)
(우리는 네가 자격 시험에 통과한 것을 통보하게 되어서 기쁘다.)

두 문장 모두 네가 과거에 치른 자격시험에 통과했다, 못했다 하는 과거의 결과이다. 그러므로 현재완료를 사용해 주어야 한다.
"우리 팀은 축구 시합에서 2:1로 졌다." 과거 같지만 과거의 2:1로 졌다는 결과이므로 현재완료형으로 나타내 주어야 한다.

Our team has lost in soccer game by score of 2:1.
       (has+과거분사)   lose-lost-lost

그리고 "지난 건강검진에서 위암 판정을 받았다."도 건강검진의 지난 결과이므로 과거시제 대신 현재완료 시제를 사용해 주어야 한다.

I have got a stomach cancer diagnosis in last health examination.
   (have+과거분사)   get-got-got

위에서 보듯이 과거의 결과도 10년 전에 결과든, 5년 전에 결과든, 1시간 전에 결과든 과거 어느 시점에서의 현재까지의 시점 개념을 갖고 있다. 결국 따지고 보면 완료, 계속, 결과, 경험 모두 과거의 어느 시점에서 현재시점 까지의 인터벌(interval) 개념이므로 현재완료 용법에 해당되는 것이다.

※ Be 동사 다음에 과거 분사가 형용사로 쓰일 때는 수동태 문장이 아니다.
  I am / aroused.(arouse-aroused-aroused)
  과거분사가 형용사(보어)역할 → 수동태 문장이 아님
  I have been / married six times. (지금까지 여섯 번이나 결혼을 하였다.) 현재완료 능동태형 문장
  (married의 과거분사는 현재완료 수동태형이 아니고 have been 현재완료형의 형용사 역할을 한다.

  I have been / exhausted. 이 문장은 현재완료 능동태 문장
  (나는 전부터 지금까지 기진맥진한 상태다.)
  I have been loved(by her). 나는 그 여자에 의해서 지금까지 사랑을 받아오고 있다. 현재 완료형의 수동태 문장임

다시 말하면 I have been / married six times. 문장에서는 been이 과거 분사형이고 married는 형태는 과거 분사형이지만 역할은 과거분사 역할을 하지 않는다.
I have been loved by her. 문장에서는 been이 과거 분사형이지만 현재 완료형을 수동태 문장으로 바꿔주기 위해서 사용하는 been 이지 현재 완료형의 과거 분사형이 아니다.
두 가지 문장을 구분하는 것이 처음에는 어려워 보이지만 습득하게 되면 차차 알게 된다.

cf) I will be better prepared. (미래형문장)
            형용사 역할
   I will be going. (미래진행형)
   I will be gone. (미래형)
         형용사

현재완료 용법의 예문 (현재완료 활용이 영어 공부의 꽃이다.)
아래의 문장이 왜 현재완료 문장으로 표현 되었는지 생각하기

아래의 문장을 통하여 시제의 차이점을 이해하여야 한다.

① That is exactly what I want. (now)
그것은 정확하게 지금 내가 원하는 것이다.
② That is exactly what I wanted. (yesterday)
그것은 정확하게 전에 내가 원했던 것이다.
③ That is exactly what I have wanted. (since)
그것은 정확하게 전부터 지금까지 원해왔던 것이다.
④ That is exactly what I had wanted. (for a while in the past)
그것은 정확하게 과거 한동안 원해왔던 것이다.
⑤ That was exactly what I want.
그것은 정확하게 내가 지금 원하는 것이었다.
⑥ That was exactly what I wanted.
그것은 정확하게 내가 원하였던 것이다.
⑦ That was exactly what I have wanted.
그것은 정확하게 내가 원해왔던 것이었다.
⑧ That was exactly what I had wanted.
그것은 정확하게 내가 과거 한동안 원해 왔었던 것이었다.
⑨ What is happening to you?
지금 너한테 무슨 일이 있니?
⑩ What was happening to you?
지난번에 너한테 무슨 일이 있었니?
⑪ What happened to you?
전에 너한테 무슨 일이 있었니?
⑫ What has happened to you?
지금까지 너한테 무슨 일이 있었니?
⑬ What had happened to you?
과거 한동안 너한테 무슨 일이 있었니?

현재완료 용법의 예문

(연습방법: 아래의 현재 완료형 문장의 의미를 파악하고, 왜 현재완료형을 사용하였는지 한글로 옮기고, 뒤에 한글 해석을 다시 현재 완료형 문장으로 옮기는 연습을 입으로 외워서 연습한다.)

1) I have already eaten lunch.
2) Have you done your homework?
3) It has been proven to be true.
4) I have finished my work.
5) Have you seen a tiger before?
6) I have got a stomach cancer in health examination.
7) Have you taken a physical test?
8) You have got five minutes for your interview. (결과) 지금 무엇이 주어졌다.
9) We have won a basket ball game against opponent team.
10) He has written 30 novels.
11) He has won pulitzer prize twice.
12) He has been married six times and has five children.
13) I have understood finally about it.
14) Have you talked with him?
15) I have written 3 screen plays.
16) Has anything gotten better?
17) I realize that they have made a mistake.
18) I haven't really made any progress.
19) Have you interviewed anyone who made you really nervous?
20) I have made a fortune by selling the real estate.
21) I have made amends to him for contribution.
22) I have taken down what he said.
23) Beer has taken the place of water.
24) You haven't put to use.
25) U.N negotiators have worked out a set of compromise proposal.
26) Financial problems have worked out since 2012.
27) I have come to know well how words suddenly lose their familiar meanings.
28) He has gone about three days without eating chocolate.
29) Have you turned in your homework?
30) The answer for problem has turned out to be true.
31) The police investigation has not turned up any clue point for crimanals.
32) Have you heard of that?
33) I am sorry to have kept you waiting.
34) I have grown up in Seoul.
35) It has meant to be. (It hasn't meant to be.)

36) These goods have been sold out.
37) You have hurt me so much.
38) Have you hidden the treasure?
39) I have begun to grasp his lessons. (결과) 드디어 무엇을 시작하게 되었다.
40) Have you dealt with it?
41) I have found it finally.
42) I have forgotten all of them.
43) I have totally given up smoking .
44) I have taught him since 2000.
45) I have felt about him so badly.
46) Have you drunk all of the beverage?
47) I have decided to get engaged.
48) You are the smartest boy I have ever met.
49) I have chosen a peach produced in Gamkok.
50) I have run for a president candidate.
51) I have had a meeting with her.
52) This contract has held good since 1980. (This contract has been valid since 1980.)
53) How long have you held out against the war?(How long have you resisted against the war?)
54) I have run through the details of the subway station.
55) He has laid aside money on his account for his old age.
　　(He has saved money on his account for his old age.)
56) Have you slept well last night?
57) We eat food that others have grown.
58) We wear clothes that others have made.
59) We live in houses that others have built.
60) We use a language that others have created.
61) I have had a joyous certainty that my physical handicaps were not an essential part of my being.
62) When you have sustained prices of more than $50 a barrel, the economic impact will be larger than people have anticipated. (계속, 결과) 계속 유지하게 되었을 때
63) Those who have been victims of bad throws of the genetic dice haven't had the same opportunities as those who are bright.
64) Have you ever divorced with your wife?
65) I have sent all letters to my friend.
66) The bell has rung three times.
67) I have made up my mind to get divorced with her.(I have decided to get divorced with her.)
68) You have put me out of business.
69) All people have been shut down from home due to corona virus.
70) You have not spoken to me for a long time.(You have barely spoken to me for a long time.)
71) I have been told that you were very sick. (I have heard that you were very sick.)

72) Have you waken up?
73) I have thought of you as a rich man.
74) Today's newspaper has been thrown out.
75) America has gotten more loutish.
76) We have been able to get closer to the Americans.
77) I have come up with pretty good idea. (to solve my problems.)
78) I have still got a little time before I turn into a teenager.
79) You have made me feel enchanting.
80) Since the end of the war. we have vowed never to become a military power again.
    전쟁이 끝난 이후로 현재까지 맹세를 해왔다. (결과)
81) Japan has worked single-mindedly as a peace-loving country.
82) I have been blessed with three virtues: luck, tenacity and perseverance.
83) I have apologized to Korea for whatever Japan needs to apolcgize to Korea for.
84) I have totally quit smoking. That is my favorite thing.
85) I have never forgiven her.
86) This building has been built since 1900.
87) I have studied English for 10 years.
88) I have set the table completely.
89) That price has risen up to 50 %.
90) The leaves have fallen from the tree.
91) She has fallen in love with him.
92) Have you been to the Vietnam?
93) Children have gone to bed.
94) Spring has come.
95) My dream has come true.
96) I have arrived at the Subway Station.
97) You have got to go now.(의미상 현재완료가 아니다.)
98) The bank has gone bankrupt.
99) I have figured it out. (Even now, I can't figure it out.) (지금까지도)
100) I have lost all my money in Casino.
101) Has the melt-down begun?

아래의 한글 문장을 현재완료형 영어문장으로 옮기는 연습을 입에서 생각하지 않고 자연스럽게 튀어 나올 수 있을 때까지 연습한다.

1) 나는 점심을 이미 다 먹었다. (완료)
2) 너는 숙제를 마쳤느냐? (완료)
3) 그것은 사실로 판명 되었다. (결과)
4) 나는 숙제를 다 끝마쳤다. (완료)
5) 당신은 전에 호랑이를 본 적이 있느냐? (경험)

6) 나는 지난 건강 검진에서 위암 판정을 받았다. (결과)
7) 너는 체력 테스트를 받았습니까? (결과)
8) 너에게는 인터뷰 시간이 5분간 주어졌다. (결과)
9) 우리는 상대 팀과 농구 시합에서 이겼다. (결과)
10) 그 사람은 30권의 소설을 썼다. (지금까지의 개념) (계속)
11) 그 사람은 플리쳐상을 두 번 받았다. (결과)
12) 그 사람은 지금가지 6번 결혼해서 5명의 아이들이 있다. (계속)
13) 나는 그것에 관하여 결국 이해하게 되었다. (결과)
14) 당신은 그 사람과 얘기를 나눈 적이 있습니까? (경험)
15) 나는 지금까지 3편의 연극 시나리오를 썼다. (완료)
16) 조금이라도 사정이 나아졌습니까? (결과)
17) 나는 그 사람들이 실수를 해 왔다는 것을 느낀다. (계속)
18) 나는 정말 진전을 가져오지 못했다. (결과)
19) 당신은 당신을 괴롭혔던 사람들과 인터뷰를 한 적이 있습니까? (경험)
20) 나는 부동산을 팔아서 부를 축적해왔다. (결과)
21) 나는 그 사람의 헌신에 대하여 보상을 다 해주었다. (결과)
22) 나는 그가 말한 것을 다 적었다. (완료)
23) 맥주가 물을 대체해왔다. (계속)
24) 너는 이용해 오지 않았다. (계속)
25) 유엔 중재자들이 협상안을 완성하였다. (완료)
26) 재정적인 어려움은 2012년 부터 있어왔다. (계속)
27) 나는 말이 갑자기 자기 본연의 의미를 잃게 되는지 잘 알게 되었다. (결과)
28) 나는 쵸코렛을 먹지 않고 3일간을 버틸 수 있었다. (결과)
29) 너는 숙제를 제출했니? (완료)
30) 그 문제에 대한 답은 사실로 판명되었다. (결과)
31) 경찰 조사는 범죄에 대한 어떤 단서도 찾지 못하였다. (결과)
32) 너는 그것에 대하여 들은 적이 있니? (경험)
33) 나는 너를 오랫동안 기다리게 해서 미안하다. (계속)
34) 나는 서울에서 지금까지 자라왔다. (계속)
35) 그것은 불가피한 사정이었다. (결과)
36) 이 물건은 방금 매진되었다. (완료)
37) 너는 나한테 많은 상처를 주었다. (결과)
38) 너는 그 보물을 숨긴 적이 있습니까? (경험)
39) 나는 그 교훈을 파악하기 시작하였다. (결과)
40) 너는 그 문제를 다뤄왔니? (계속)
41) 나는 드디어 그것을 찾았다. (결과)
42) 나는 모든 것을 다 잊어버렸다. (결과)
43) 나는 담배를 완전히 끊었다. (결과)

44) 나는 2000년부터 그 사람을 가르쳐왔다. (계속)
45) 나는 그 사람에 관하여 매우 나쁜 감정을 느껴왔다. (계속)
46) 당신은 음료수를 모두 마셨습니까? (완료)
47) 나는 약혼하기로 결정하였다. (결과)
48) 너는 지금까지 내가 만나 본 소년 중에 가장 영리한 사람이다. (경험)
49) 나는 결국 감곡에서 생산된 복숭아를 선택하였다. (결과)
50) 나는 대통령 후보로 입후보하게 되었다. (결과)
51) 나는 그 여자와 만남을 가진 적이 있다. (경험)
52) 이 계약은 1998년부터 유효하다. (계속)
53) 당신은 전쟁에서 얼마동안 저항해 왔습니까? (계속)
54) 나는 전철역 앞뒤를 왔다 갔다 했다. (경험)
55) 그 사람은 노후에 대비하여 돈은 저축해 놓았다. (결과)
56) 당신은 어제 잠을 충분히 잤습니까? (결과)
57) 우리는 다른 사람이 키워서 만든 음식을 먹는다. (결과)
58) 우리는 다른 사람이 만든 옷을 입는다. (결과)
59) 우리는 다른 사람이 지은 집에서 산다. (결과)
60) 우리는 다른 사람이 창작하여 만든 언어를 사용한다. (결과)
61) 나는 나의 신체적 장애가 더 이상 나한테 있어서 중요한 일부가 아니라고 하는 즐거운 확신을 가지고 살아왔다. (계속)
62) 당신이 석유 가격을 배럴당 50불 이상을 유지하면 경제적 충격이 사람들이 예상했던 것보다 클 것이다. (계속, 결과)
63) 유전적으로 열성으로 태어난 사람은 우성으로 태어난 사람보다 똑같은 기회를 갖지 못해왔다. (결과)
64) 당신은 부인과 이혼한 적이 있습니까? (결과)
65) 나는 모든 편지를 친구에게 다 보냈다. (완료)
66) 종소리가 세 번 울렸다. (결과)
67) 나는 그 여자와 이혼하기로 결심하였다. (결과)
68) 당신은 나를 비즈니스에서 손 떼게 만들었다. (결과)
69) 모든 사람이 집에서 갇혀 나오지 못하게 되었다. (결과)
70) 너는 나한테 오랫동안 말을 하지 않았다. (결과)
71) 나는 네가 아팠다는 말을 듣게 되었다. (결과)
72) 너는 벌써 일어났니? (결과)
73) 나는 네가 부자라고 생각해왔다. (계속)
74) 오늘 신문은 결국 버려지고 말았다. (결과)
75) 미국은 사악해지기 시작하였다. (결과)
76) 우리는 미국에 좀 더 가까워 질 수 있었다. (결과)
77) 나는 상당히 좋은 아이디어를 떠올리게 되었다. (결과)
78) 나는 청소년기를 벗어나기 전에 약간의 시간이 주어졌다. (결과)
79) 너는 나에게 매혹을 느끼게끔 하였다. (결과)

80) 우리는 전쟁이 끝난 이후로 다시는 군국주의 국가가 되지 않기로 맹세하게 되었다. (결과)
81) 일본은 평화를 사랑하는 일편적인 마음으로 살아왔다. (계속)
82) 나는 3가지 덕목의 축복을 받아오고 있다. (운, 집요함, 인내심) (결과)
83) 나는 일본이 한국에게 사과를 할 필요가 있는 어떤 것이라도 지금까지 사과해 오고 있다. (결과)
84) 나는 완전히 금연을 하게 되었다. (완료)
85) 나는 그 여자를 결코 용서할 수 없다. (결과)
86) 이 건물은 1900년도에 지어졌다. (결과)
87) 나는 10년간 공부해 오고 있다. (계속)
88) 나는 테이블을 완전히 셋팅 하였다. (완료)
89) 그 가격은 50불까지 올라갔다. (결과)
90) 나뭇잎이 나무에서 떨어지고 말았다. (결과)
91) 그 여자는 그 사람과 사랑에 빠지고 말았다. (결과)
92) 당신은 베트남에 갔다온 적이 있습니까? (경험)
93) 아이들이 잠자리에 들었다. (결과)
94) 봄이 왔다. (결과)
95) 나의 꿈이 이루어졌다. (결과)
96) 나는 지하철역에 도착하게 되었다. (완료)
97) 너는 지금 가야 된다. (현재완료형이 아니다. have got to 용법임)
98) 은행이 결국 파산하였다. (결과)
99) 나는 그것을 이해하게 되었다. (결과)
100) 나는 카지노에서 나의 모든 돈을 날렸다. (결과)
101) 얼음이 녹기 시작했느냐?(결과)

현재완료형 문장

아래의 한글 문장을 현재완료형 영어문장으로 옮기는 연습을 생각하지 않고 자연스럽게 입에서 튀어 나올 수 있을 때까지 연습한다.

1) 나는 음식을 다 먹었다. (완료)
2) 너 점심 다 먹었니?(완료)
3) 나는 방금 숙제를 다 끝마쳤다.(완료)
4) 너 방 청소 다 했니?(완료)
5) 나는 영어 공부를 3년 동안 해왔다.(계속)
6) 너 호랑이를 본 적이 있니?(경험)
7) 나는 전에 호랑이를 본 적이 있다.(경험)
8) 우리 팀은 상대팀과 축구 경기에서 3:2로 이겼다.(결과)
9) 너한테 5분간의 인터뷰 시간이 주어졌다.(결과)
10) 나는 지난 번 건강 검진에서 위암 판정을 받았다.(결과)
11) 나는 키 뭉치를 잃어 버렸다.(결과)
12) 너는 그 책을 다 읽었니?(완료)

13) 나는 그것에 관하여 알고 있다.(결과)
14) 너는 그 사람에 관해서 알고 있니?(결과)
15) 봄이 드디어 왔다.(결과)
16) 그것은 거짓으로 판명 되었다.(결과)
17) 나는 지난 학기 경제학 과목에서 A+를 받았다.(결과)
18) 나는 당신이 자격시험에서 합격한 것을 알리게 되어서 기쁘다.(결과)
19) 당신은 잠깐 시간이 있습니까?(결과)
20) 나의 꿈이 마침내 실현되었다.(결과)
21) 그 제품은 방금 전 매진 되었다.(완료)
22) 당신은 그 여자가 태국에 갔다는 소식을 들은 적이 있습니까?(경험)
23) 나는 그것에 관하여 전에 들어 본적이 없다.(경험)
24) 나는 지독한 감기에 걸렸다.(결과)
25) 나는 어머닌 덕분에 착한 학생으로 성장하였다.(결과)
26) 나는 열쇠를 잃어 버렸다.(결과)
27) 나는 편의점에서 아르바이트를 한 적이 있다.(경험)
28) 나는 담배를 완전히 끊었다.(완료)
29) 나는 지금까지 10권의 책을 썼다.(완료)
30) 나는 3편의 영화를 감독하였다.(완료)
31) 나는 플리쳐 상을 3번 받았다.(결과)
32) 나는 3번의 결혼을 하였다.(결과)
33) 당신은 친구한테 사과를 한 적이 있습니까?(경험)
34) 나는 더 이상 나쁜 짓을 하지 않겠다고 맹세 하였다.(결과)
35) 나는 3가지의 축복을 받고 있다.(결과)
36) 나는 어쨌든 그 여자를 화나게 했다.(경험)
37) 연구 결과 잠이 부족하면 심장마비 확률이 높다고 나타났다.(결과)
38) 나의 아이들이 잠자리에 들었다.(결과)
39) 나는 그것에 대하여 잘 알게 되었다.(결과)
40) 나는 그 교훈에 대하여 깨닫기 시작하였다.(경험)
41) 너 그것에 대하여 완전히 이해했니?(결과)
42) 당신은 그 자동차 사고를 목격 했니?(경험)
43) 너는 교통사고에 대하여 결국 보상을 받았니?(결과)
45) 나는 그것에 관하여 궁금해 왔다.(계속)
46) 우리는 그것에 관하여 이야기 해본 적이 없다.(경험)
47) 너는 그 여자에 관하여 완전히 잊어 버렸니?(결과)
48) 나는 중요한 약속을 갖고 있다.(결과)
49) 나는 너를 처음 본 순간부터 만나길 원해왔다.(계속)
50) 너 벌써 결정했니?(결과)
51) 아니, 아직 결정 못했어.(결과)
52) 나는 약혼하기로 결정했다.(결과)

53) 너는 나한테 몇 달 동안 말을 걸지 않았다.(결과)
54) 나는 당신을 오랫동안 기다리게 해서 미안하다.(계속)

1) I have eaten food all.
2) Have you eaten lunch all?
3) I have just finished homework.
4) Have you cleaned the room?
5) I have studied English for 3 years.
6) Have you seen a tiger before?
7) I have seen a tiger before.
8) Our team has won the soccer game against opponent team.
9) You have got a five minute interview.
10) I have got a stomach cancer in the last health examination.
11) I have lost key bunch.
12) Have you read this book?
13) I have known about it.
14) Have you known about him?
15) Spring has come.
16) It has turned out to be true.
17) I have received A+ in economics last semester.
18) I am pleased to inform you that you have passed the qualifying exam.
19) Have you got a minute?
20) My dream has come true.
21) These goods has been sold out.
22) Have you heard that she went to Thailand?
23) I have never heard of it.
24) I have caught a bad cold.
25) I have grown up as a good student thanks to my mother.
26) I have lost my key.
27) I have done arbeit at convenient store.
28) I have totally quit smoking.
29) I have written 10 books.
30) I have directed 3 films.
31) I have won the Pulitzer Prize three times.
32) I have got married three times.
33) Have you apologized to your friend?
34) I have vowed never to do such a wrong thing any more.
35) I have been blessed with three virtues.
36) I have somehow offended her.

37) Studies have suggested that too little sleep may increase th possibility of heart attack.
38) My children have gone to bed.
39) I have become to know well about it.
40) I have begun to grasp those lessons.
41) Have you completely understood about it?
42) Have you been rewarded about car accident?
43) Have you witnessed the car accident?
45) I have always wondered about it.
46) We have not talked about it.
47) Have you completely forgotten about her?
48) I have had a very important appointment.
49) I have wanted to meet you since the first moment I saw you.
50) Have you decided yet?
51) I have not decided yet.
52) I have decided to get engaged.
53) You have barely spoken to me for months.
54) I'm sorry to have kept you waiting

지금까지 현재 완료형 문장을 한글에서 영어로, 영어에서 한글로 입으로 연습하였다. 한글에서 영어로 옮기는 연습이 더 중요하다.

과거완료 문장 연습은 개념만 바꿔서 had+p.p형으로 바꿔준다. 과거 한동안의 완료, 계속, 경험, 결과에 해당된다.

③ 과거 완료의 시제

과거완료 시제의 개념은 현재완료 시제의 경우와 마찬가지로 과거의 계속, 완료, 경험, 결과의 의미는 같지만 시점의 구간이 다르다. 현재완료는 interval 시점이 과거의 시점에서 현재까지의 시점이지만, 과거완료의 시점은 과거의 더 과거 시점에서 현재까지의 시점이 아니고, 덜 과거의 시점까지가 해당된다. 과거완료의 시점을 도표로 나타내면 아래와 같다.

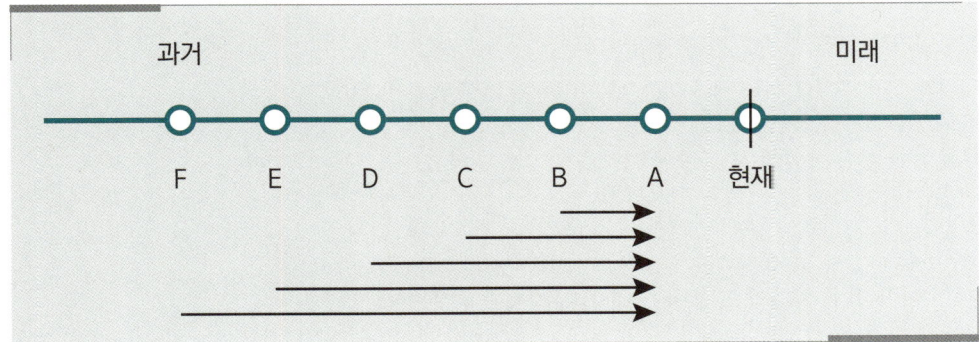

위의 도표에서 보듯이 과거완료의 시제는 시제가 F→A 가 되었든, E→C가 되었든 D→B가 되었든 과거의 더 과거시점에서 덜 과거까지의 시점에 해당된다.

3.1) 완료

과거완료 시제의 완료는 예를 들면 "나는 숙제를 5시간 전에 시작해서 2시간 전에 끝냈다."
일반적으로 나타낼 때는 "나는 2시간 전에 숙제를 끝냈다."
I have finished homework 2 hours ago. (×)
I had finished homework 2 hours ago. (○)

숙제를 2시간 전에 끝냈다는 것은 좌우간 숙제를 2시간 전 보다 더 과거 시간에 시작해서 2시간 전에 끝낸 것이므로 과거, 현재완료도 아닌 과거 완료 시제를 사용해야 한다.

3.2) 계속

"나는 숙제를 2시간 전까지 하고 있었다." 는 것을 나타낼 때는 2시간 전부터 시작해서 2시간 전까지 계속 했다는 뜻이므로 과거완료의 시제로 나타내 주어야 한다.
I had done homework by 2 hours ago.
(과거완료) had+과거분사 do-did-done
I had studied English from 2001 to 2005.
과거완료 study-studied-studied
"과거 한 동안 2001년부터 2005년 까지 영어 공부를 계속 했었다"의 뜻이므로 과거 완료형을 사용한다.

3.3) 경험

"나는 중학교 다닐 때 호랑이를 본 적이 있다."를 영어로 표현할 때는 과거의 경험이지만, 중학교 때 라는 과거의 한 기간이 주어졌으므로 과거완료로 나타내 주어야 한다.

I had seen a tiger during my high school
(had+과거분사) see-saw-seen

"나는 호랑이를 전에 본 적이 있다." 는 앞에서와 같이 현재완료로 나타내 주어야 한다.
"나는 군 생활 동안 폐렴을 앓았던 적이 있다."
I had suffered from pneumonia during my army service.

3.4) 결과

여론 조사는 과거 한동안 인구가 15% 까지 증가했던 것을 보여준다.
The poll shows that the population had increased by 15% for a while.

과거 한 동안의 결과이므로 과거 완료형으로 나타내 준다.

나의 아버지는 내가 어렸을 때 수년간 부자였었다.
My father had been rich for several years when I was young.
  과거완료(had+been)   be-was-been
(아버지가 부자였던 것이 과거의 한 동안에 해당되므로 과거 완료형을 사용해야 한다.

*그리고 과거완료형을 사용할 때는 과거보다 더 과거일 때 사용해 준다.
I had already finished my homework when my friend came home yesterday.
(나는 어제 나의 여자 친구가 나의 집에 왔을 때 이미 숙제를 끝낸 상태 였다.)
여자 친구가 집에 온 것 보다 내가 숙제를 끝낸 것이 더 과거이기 때문에 과거완료형(had finished)을 써주었다.

The train had already left when I arrived at the subway station.
과거완료(had+left) leave-left-left
내가 지하철역에 도착한 것보다 열차가 떠난 것이 더 과거이기 때문에 과거완료형(had left)를 사용해 주어야 한다.

cf) 현재완료형과 과거완료형의 차이점은 현재완료형은 과거시점에서 지금까지 계속했던 일, 경험했던 일, 완료 했던 일, 결과로 얻었던 일에 사용하고 과거완료형은 과거 "한때" 또는 "왕년"에 계속 했었던 일, 완료 했었던 일, 경험 했었던 일, 결과로 얻었던 일을 나타낼때 쓰인다.

과거 완료형 예문

1) I felt like I had been used.
2) I admitted that I had been so worried about being separated from my family during my training.
3) I would never have discovered what happened if he had not called me on it.
4) Even though my friend should have apologized first for the aggravation he had caused me, I shouldn't have lost my temper.
5) After all, he had planned this a month ago.
6) They knew that all the important choices about the bomb had already been settled.
7) It's fully reasonable to assume that the first U.S. bomb would been used against Germany, had it been available in time.
8) The U.S. had already crossed a terrifying moral threshold when it accepted the targeting of civilians as a legitimate instrument of warfare.
9) I used to have nightmares that I would come into the office one morning and all the clients had left and the employees had also gone.
10) My daughter married a young Korean man whom she had met while studying in China.
11) My wife's prejudice against Korea had been completely wiped away.
12) I had written a letter 2 hours ago.
13) Had you ever seen a tiger during your army service?
14) I had finished my homework 3 hours ago.
15) I had lost my key for a while.
16) My father had been rich while I was young.
17) I realize that he understood that he had made a mistake.
18) I had taught him for three years.
19) I had loved her during my highschool days.
20) You had put me out of business.
21) He had gone about 3 days without eating food.
22) I had grown up in Seoul until 3 years old.
23) You had hurt me so much while I was young.
24) When I arrived at the subway station, the train had already left.
25) These goods had been sold out.
26) I had totally given up smoking, but I started smoking 5 years later.
27) We ate food that others had grown.
28) We wore clothes that others had made.
29) We lived in houses that others had built.

30) People had been shut down from home for 2 weeks due to COVID19.
31) We had been able to get closer to the America.
32) I had studied English for 10 years.
33) I wish I had met you earlier.
34) What would have happened if Donald Trump had gotten away with attempted coup on Jan. 6?
35) What would have happened if Lee Jae Myeong had been elected as a Korean President?

1) 나는 내가 과거에 한동안 이용당해 왔었던 것을 느꼈다. (과거 완료 수동형)
2) 나는 내가 훈련 받는 동안 내가 가족으로부터 떨어져 있게 된 것에 관하여 한동안 걱정해 왔었던 것을 인정하였다. (과거 완료 계속적 용법)
3) 만약 그 사람이 그것에 관하여 전화하지 않았다면, 무슨 일이 일어났었는지 결코 알지 못 했을 것이다. (가정법 과거 완료 용법)
4) 나의 친구가 나를 화나게 만들었던 것에 대하여 먼저 사과를 하였음에도 불구하고, 나는 화를 내지 말았어야 하였다. (가정법 과거 완료)
5) 결국 그 사람은 한달 전에 계획을 세웠었다. (과거완료 결과적 용법)
6) 그 사람들은 폭탄에 대하여 중요한 선택들이 이미 확정됐었던 것을 알았다. (과거완료 결과적 용법)
7) 만약 핵폭탄이 시간 내에 개발 되였었다면 그 폭탄이 독일한테 사용되었을 것이라고 가정하는 것은 충분한 이유가 있다. (가정법 과거완료 용법)
8) 미국이 민간인에 대한 공격을 합법적이라고 받아 들인 것은 이미 도덕적인 한계점을 벗어난 결과 였었다. (과거 관료의 결과적 용법)
9) 나는 악몽을 꾼적 했는데, 그 내용은 아침에 사무실에 왔을 때 모든 고객이 이미 떠났었고, 모든 종업원이 가버리고 없었다. (과거완료의 결과적 용법)
10) 나의 딸이 젊은 한국인과 결혼을 하였는데, 그 젊은 한국인은 중국에서 공부하는 동안 만났었던 사람이다. (과거완료의 경험적 용법)
11) 내 아내의 한국에 대한 편견은 완전히 사라졌다. (과거완료의 결과적 용법)
12) 나는 편지를 2 시간 전에 다 썼었던 적이 있다. (과거 완료의 완료형 용법)
13) 너는 군 생활 하였을 때 호랑이를 본 적이 있었으니? (과거완료의 경험적 용법)
14) 나는 3시간 전에 이미 숙제를 끝냈었다. (과거완료의 완료형 용법)
15) 나는 한동안 열쇠를 잃어버린 적이 있었다. (과거완료의 경험적 용법)
16) 나의 아버지는 내가 어렸을 때, 부자였던 적이 있었다. (과거완료의 결과적 용법)
17) 나는 그 사람이 전에 실수를 하였었던 것을 이해하였다고 느낀다. (과거완료의결과적 용법)
18) 나는 그 사람을 과거 3년간 가르쳤었던 적이 있다. (과거완료의 경험적 용법)
19) 나는 그 여자를 중학교 때 사랑했었던 적이 있다. (과거 완료의 경험적 용법)
20) 너는 나에게 사업에서 손 떼게 했었던 적이 있다. (과거완료의 경험적 용법)
21) 그는 음식을 먹지 않고 3일간 버틴적이 있었다. (과거완료의 경험적 용법)
22) 나는 3살때까지 서울에서 자란적이 있었섰다. (과거완료의 결과적 용법)
23) 너는 내가 어렸을 때 나에게 가슴 아픈 상처를 주었던 적이 있었다. (과거 완료의 결과적 용법)
24) 내가 전철역에 도착하였을 때, 이미 기차는 떠나고 없었다. (과거완료의 대과거용법)
25) 이 물건들은 이미 매진 된지가 오래되었다.

26) 나는 전에 담배를 끊었던 적이 있었는데, 5년후에 다시 피웠다. (과거완료의 결과적 용법)
27) 우리는 다른 사람이 키웠던 음식을 먹었다. (과거완료의 결과적 용법)
28) 우리는 다른 사람들이 만들었던 옷을 입었다. (과거완료의 결과적 용법)
29) 우리는 사람들이 만들었던 집에서 살았다. (과거완료의 결과적 용법)
30) 사람들은 집에서 covid19 때문에 2주 동안 구금당했던 적이 있었다. (과거완료의 경험적 용법)
31) 우리는 미국한테 가깝게 지낼 수 있었었다. (과거완료의 계속적 용법)
32) 나는 영어 공부를 10년간 한 적이 있었었다. (과거완료의 경험적 용법)
33) 나는 너를 좀 더 일찍 만났어야 했었다. (가정법 과거완료 용법)
    (결국 일찍 너를 만나지 못하였다.)
34) 트럼프가 12월 6일날 시도하려했던 쿠데타가 성공하였다면 무슨 일이 일어났겠는가?
35) 만약 이재명씨가 한국의 대통령으로 당선 되었다면 무슨 일이 일어났겠는가?

④ 미래 완료의 시제

미래완료형은 현재 시점부터 어떤 행위를 시작하여 미래 시점까지 끝내겠다는 완료의 경우에만 사용한다.
현재완료와 과거완료형 같이 과거의 계속, 경험, 결과의 경우는 사용하지 않는다.
미래완료형의 시점 개념을 도표로 살펴보면 아래와 같다.

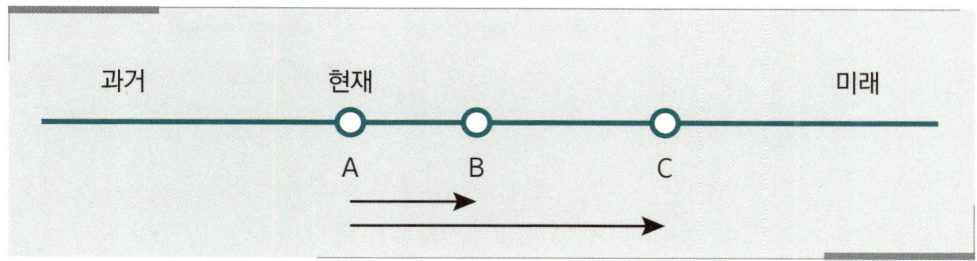

위 도표에서 보듯이 미래완료형은 현재 시점 A에서 시작해서 미래 시점 B가 되었든, C시점이 되었든, 미래의 어느 시점에 완료하겠다는 의미일 때 사용하며 형태는 will+have+P.P의 형태이다.

"나는 지금 숙제를 시작해서 3시간 이내에 끝내겠다."
  I will have finished homework in 3 hours.

"나는 3년 이내에 책 쓰는 것을 마치겠다."
  I will have done writing a book in 3 years.

Cf) 시제 이해의 16가지 문장
   (한 문장에서 2가지 이상의 시제가 사용된 경우)

① I felt like I had been used.

과거형 과거완료의 수동태형
(나는 전에 한동안 이용당했던 것처럼 느꼈다.)

느꼈다 → 과거 느낀 것보다 전에서부터 이용당했으므로
느낀 것보다 더 과거(이용당해 온 것이)
과거시점 A에서(felt) 이용당한 것은 과거 B시점에서 A지점까지 (과거완료 수동태형)

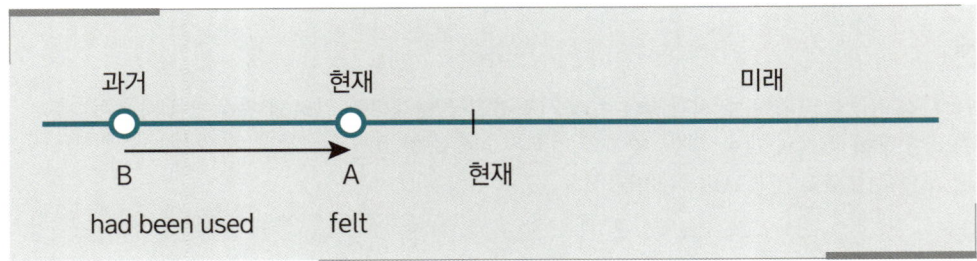

느낀 것은 과거 시점 A, 이용 당해 온 것은 과거시점 B로부터 과거 A까지이다.

② I realize that the West and America understood that they had made a mistake.

(내가 깨달은 것은 서방국가와 미국이 자기들이 실수를 했던 것을 이해하였다는 것이다.)
내가 깨달은 것은 현재 A, 미국과 서방 국가가 자기들이 실수 했다는 것을 이해한 것은 과거, 자기들이 실수한 것은 더 과거의 한동안 이므로 과거 완료형을 사용하였다.(C→B).

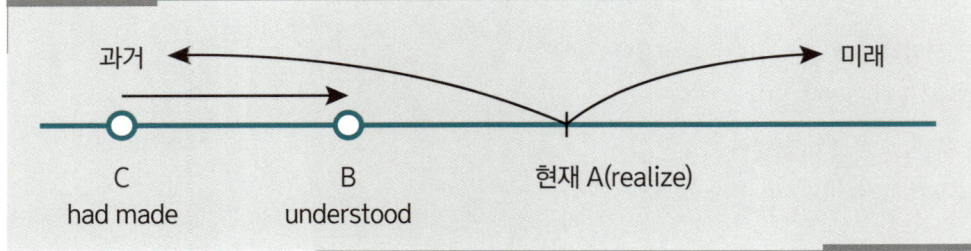

③ Those emphatic five words waked something in me that has never slept since.

(이 강력한 5개의 단어가 내 속에 무엇인가를 일깨워 주었는데 그것은 그 이후로 내 머릿속에서 떠난 적이 없다.)
그 이후로 잠을 자지 않았다는 것은 의역을 해 주어야 한다.(그 이후로 내 머리 속에서 지금까지 사라지지 않았다.)

> I think, therefore, I am. (five words)

(이 문장에서의 단어가 5개임.)
Hellen Keller가 쓴 문장에서 나오는 내용.

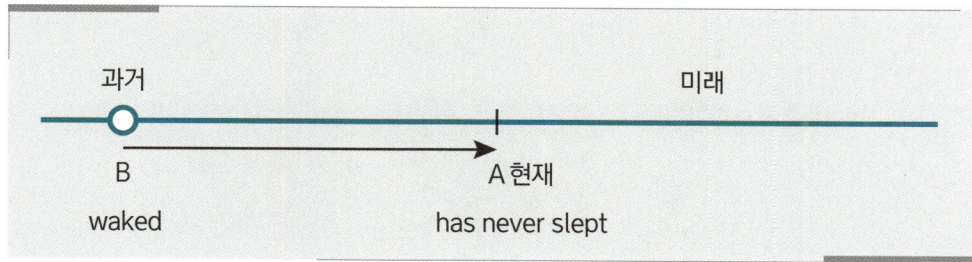

나에게 경각심을 일으켜 준 waked는 과거, 그 경각심이 지금까지 머릿속에서 떠나지 않았다는 의미이므로 waked는 B시점, 지금까지 머리 속에 남아 있다는 것은 B 시점에서 A 까지 이므로 현재완료형 시제를 사용하였다.

④ Have you interviewed anyone who made you really nervous?

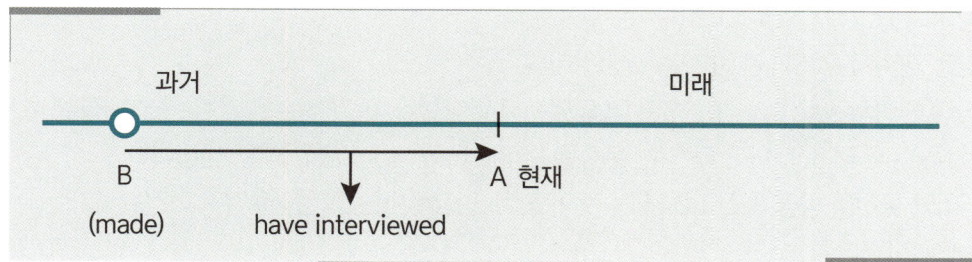

당신을 신경질 나게 만든 것은 과거시점(B)이므로 과거동사 made를 사용하였고, 그때부터 그 사람들은 지금까지 인터뷰한 적이 있었느냐고 물어보기 때문에 현재완료 의문문(Have interviewed)을 사용하였다.

⑤ It was the most incredible thing that I have ever seen.

(ever의 의미는 "지금까지" 내가 본 것 중에서 란 의미이다.)

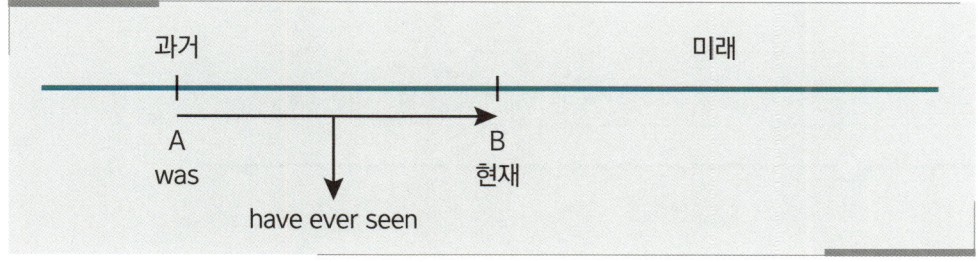

It was the most incredible thing that I have seen until now. (ever)
그것은 지금까지 내가 본 것 중에서 가장 믿지 못할 일이였다.
그때부터 지금까지 본 것이므로 현재완료(have ever seen)을 사용하였다.

⑥ Within four months, we will have completed this weapon. (미래완료형 사용)

4개월 이내에 이 무기 개발을 완료하겠다.
 (지금부터 시작해서 4개월 이내에 완료하겠다.)

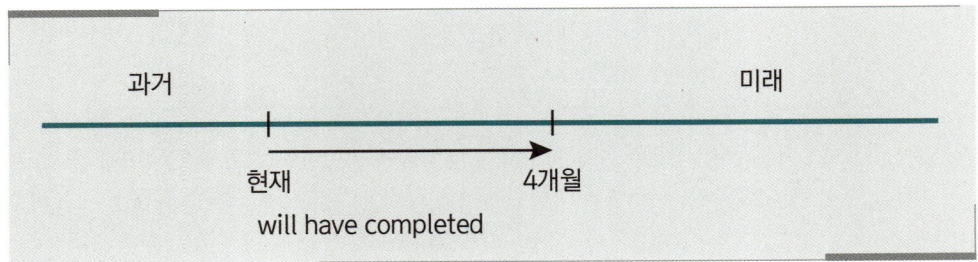

⑦ 우리는 흔히 매장이나 광고에서 sold out 이라는 글을 본다.
 이것은 어떤 문장을 줄여서 우리가 흔히 쓰는 줄임말이다.
 그러면 어떤 문장이 줄어서 sold out 의 줄임말이 되었는지 알아보자. 여기에는 두 가지 문장이 있을 수 있다.
 한 문장은 It has been sold out. 이고 다른 한 문장은 It had been sold out. 의 두 문장이다.
 첫 번째 문장은 '어떤 물건이 방금 매진되었다 '는 뜻이고, 두 번째 문장은 '어떤 물건이 매진된지가
 한참 되었다 '라는 뜻이다.

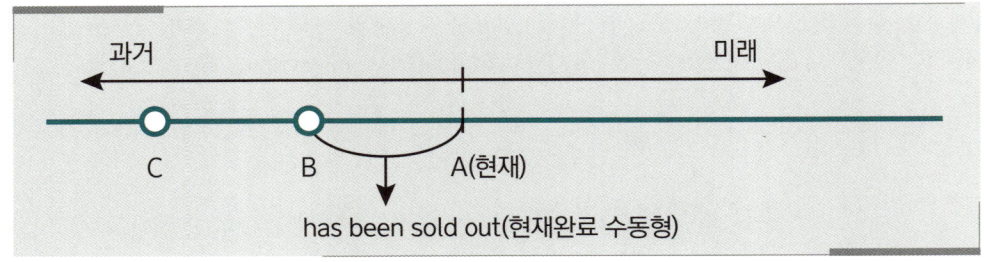

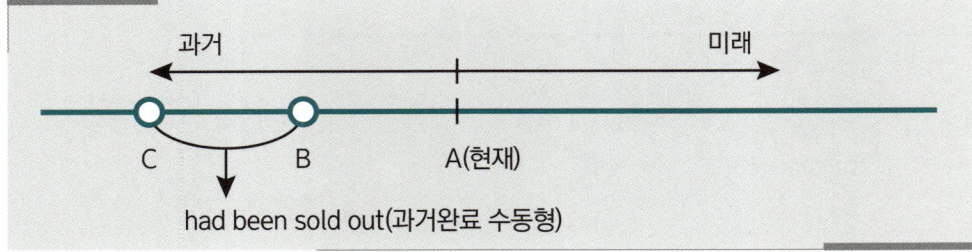

우리가 주로 쓰는 made in Korea, made in U.S.A.의 약자도 위에서와 같이 줄어든 형태이다.
It has been made in Korea. 또는 It had been made in Korea. 문장의 하나에 문장에 해당된다.
그런데, 물건이 한국에서 만들어졌든 미국에서 만들어졌든 만들어 진지가 한참 되었기 때문에
It had been made in Korea. 문장이 더 가깝다.

⑧ When you have sustained prices of more than $50 a barrel, the economic impact will be larger than people have anticipated.

가정법 형태의 문장으로써 (지금까지 사람들이 예상해 왔던 것보다 경제적인 충격이 더 클 수도 있을 것이다.)의 문장이다.

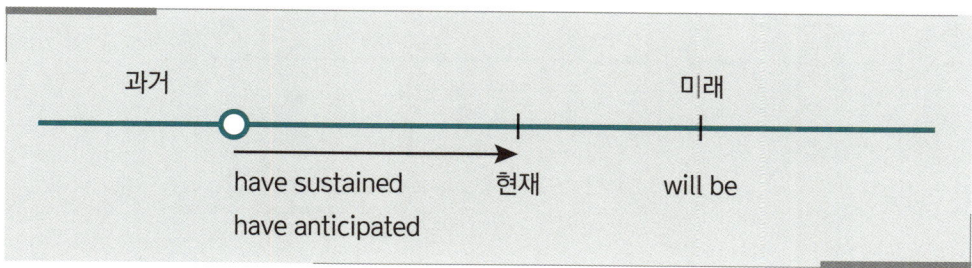

⑨ I admitted that I had been so worried about being separated from my family during my training that I had been blind to what my friend had done to help me.

(had been so worried 의 문장 형태 had been + p.p의 과거완료형 수동태로 보이지만 worried는 과거 분사가 아니고 과거분사형이 형용사로 쓰인 것이고, had been 의 과거 완료형 문장이다.) had been blind 와 같은 형태의 문장이다. (옛날 한때 훈련하느라고 가족으로부터 헤어지게 된것을 매우 걱정하였으며, 친구가 나를 도와주려고 했던것을 몰랐다.)

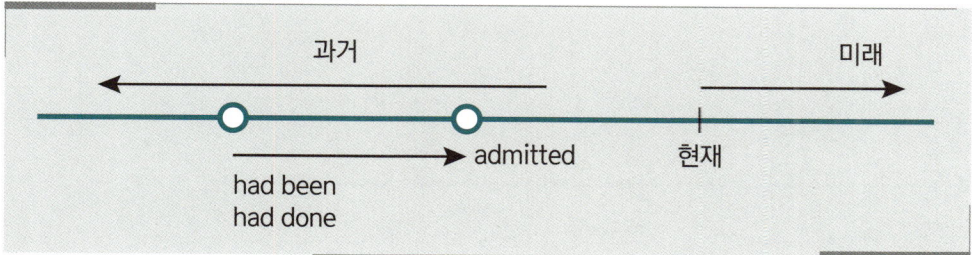

⑩ When you apologize, give your friend the opportunity to admit that he had screwed up.

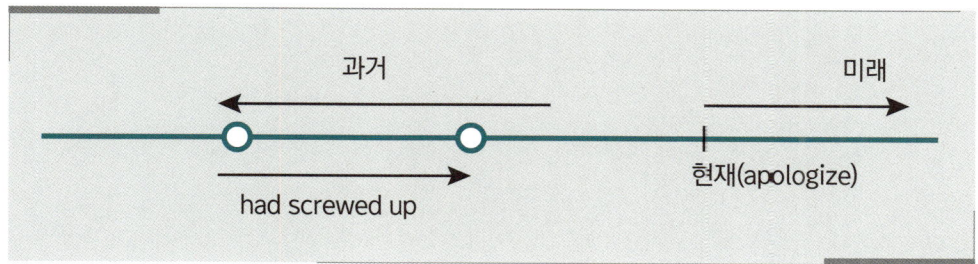

(had screwed up 의 문장은 과거 완료형 형태의 문장으로서 지금까지는 아니고 과거 한 동안 기분이 언짢았다는 의미이다.)
(사과 할려고 할 때, 친구가 과거 한때 기분이 상했던것을 인정 할 수 있는 기회를 주어야 한다.)

⑪ Even though my friend should have apologized first for the aggravation he had caused me, I shouldn't have lost my temper.
(친구가 나를 화나게 한것에 대하여 먼저 사과를 했었음에도 불구하고 내가 참았어야 했다.)

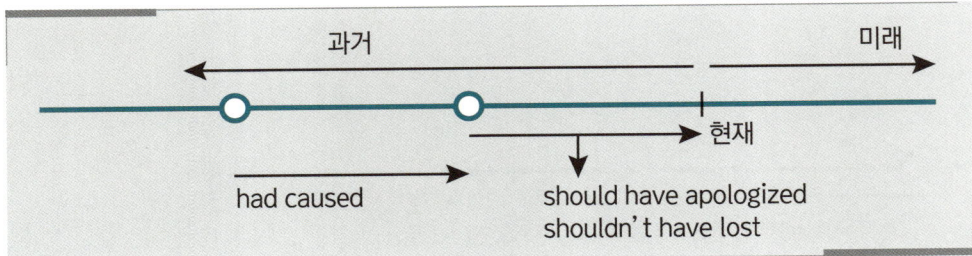

(had caused의 과거완료형 문장은 시제가 should have apologized 보다 한 시제 더 과거의 시제이다.)
lost and found의 약자도 It has been lost and it has been found. 또는 It had been lost and it had been found.의 약자이다. lost and found 는 분실물 센터에 써있는 문구이다.
(여기에서는 과거부터 현재까지 잃어버리고, 발견된 개념이 가깝기 때문에
It has been lost and found. 또는 They have been lost and found. 가 더 가깝다.

⑫ It has been a long time since I saw you.
(Long time, no see) (I haven't seen you for a long time.)
(너를 본지가 너무 오래 되었다.)

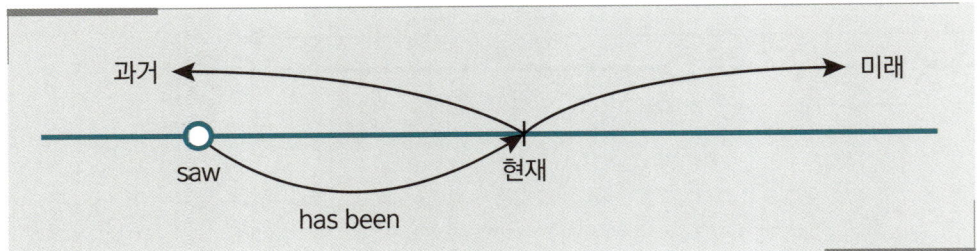

cf)
① I lose my key.
② I lost my key.
③ I have lost my key.
④ I had lost my key.

No pains, No gains.
(We cannot get(gain) anything without pain.

cf) Believe or not. (I don't care whether you believe it or not.)

⑬ So far, so good.
  (So far, it has been going on so good.)
  (Until now, it has been going on so good)

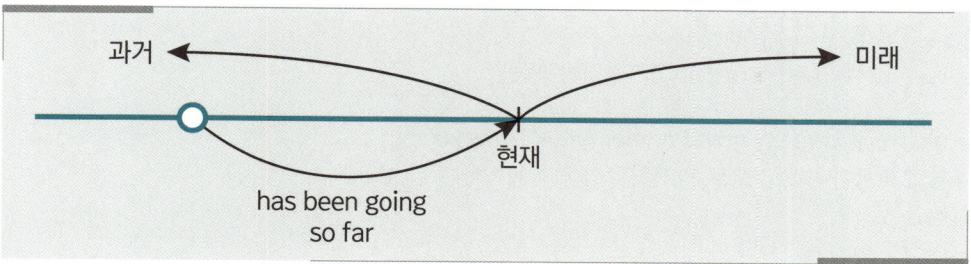

위 네 문장의 시제상 개념의 다른 점.

① I lose my key. (현재형)

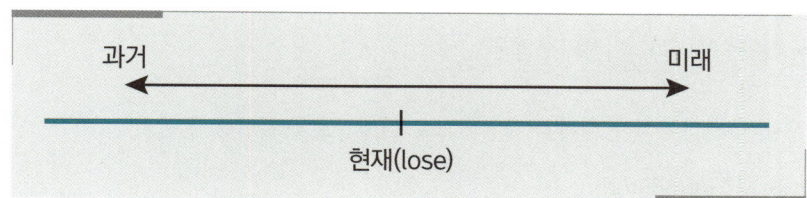

lose의 현재형은 늘 항상 열쇠를 잃어 버린다는 습관의 개념을 나타낸다는 뜻으로 현재시제를 사용한다.

② I lost my key. (과거형)

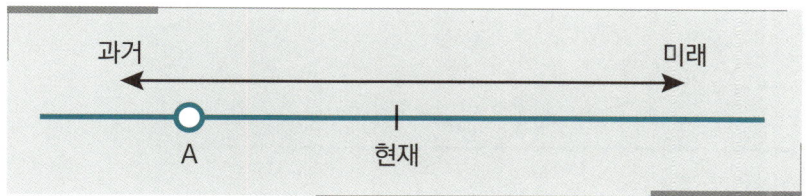

lost 과거시점 A에서 열쇠를 잃어 버렸다.

③ I have lost my key. (현재완료형)

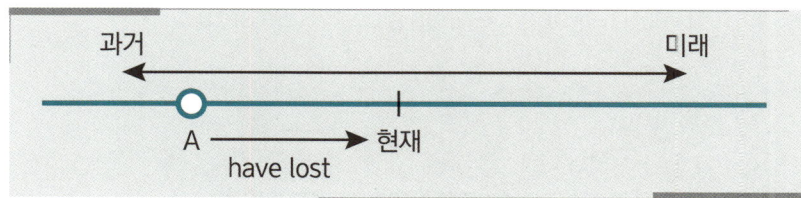

과거의 A시점에 열쇠를 잃어 버려서 지금도 열쇠를 잃어버린 상태를 의미한다.

④ I had lost my key. (과거 완료형)

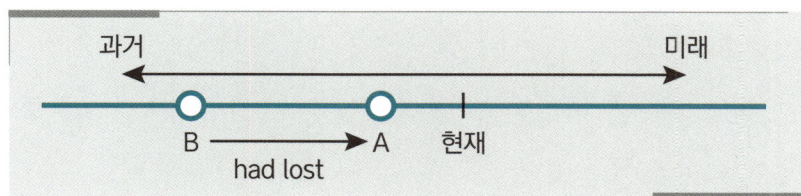

열쇠를 과거의 B시점에서 부터 과거 A시점까지 한동안 잃어 버렸었다는 개념.
현재는 잃어버렸던 열쇠를 찾았는지 안 찾았는지 모름.

※ 나는 어렸을 때 할머니로부터 옛날이야기를 들었던 적이 있었었다.

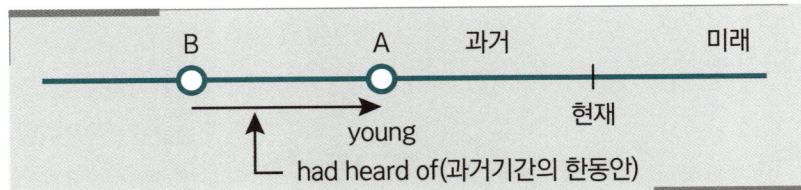

I had heard of old story from my grandmother when I was young.
어렸을 때 가 과거의 한동안 이었으므로 과거완료의 경험에 해당된다. (had+과거분사)
hear-heard-heard

나는 할머니로부터 옛날 얘기를 들은 적이 있다.

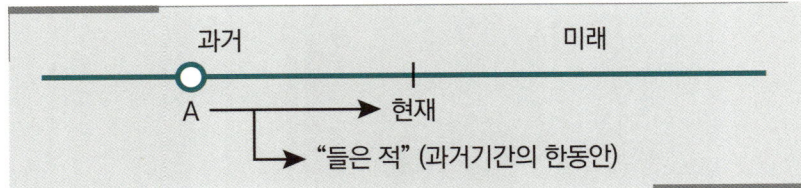

들은 적이 있다는 얘기는 과거 어느 시점에서 현재까지 해당되므로 현재완료를 사용해야 한다.

I have heard of old story from my grandmother.
현재완료(have+과거분사) hear-heard-heard

⑭ The education system before world war II might have done a better job at this.

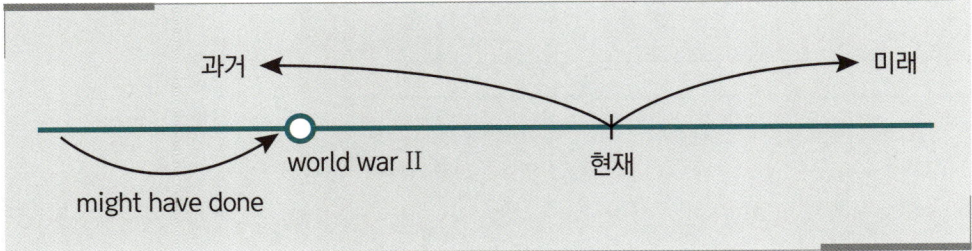

⑮ The education system after World war II might have done a better job at this.

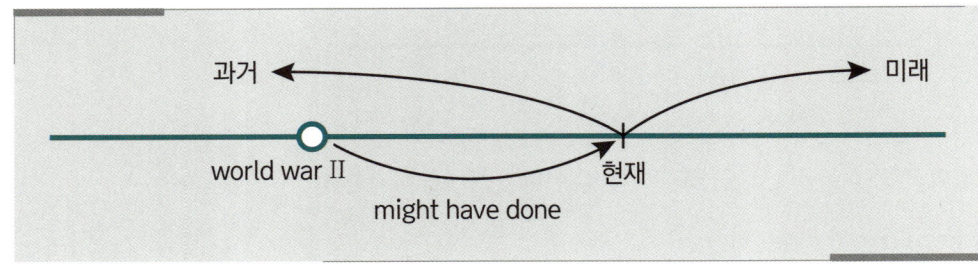

⑯ Jan. 6 committee meeting was supposed to take place on Tuseday, but we have had to postpone it.
(1월 6일 위원회에 대한 모임이 화요일에 열리기로 되어있었는데, 다시 모임을 연기했어야 했다.)

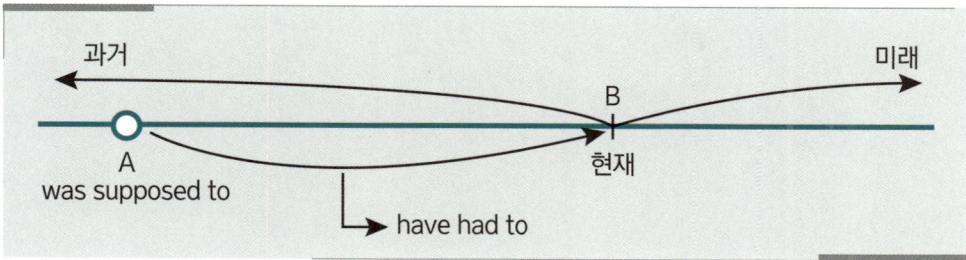

Ten tips to keep your health

1) We have a stress so long as we are alive until death, so we should learn how to get along with stress as a friend.
2) Walk every day for more than 30 minutes.
3) Don't avoid any food, take all kinds of the food as much as you can.
   Eat meat more than 100g, but less than 200g.
4) In order to keep your health, you should be sometimes selfish.
5) Keep the close relationship with your spouse.
6) Take alcohol properly, but quit smoking
7) Use your brain everyday, but take a brain-break properly
8) Laugh as much as possible.
9) Don't over work, over eat and over drink.
10) Be thankful to everything. Don't complain to others.[put yourself into others] See things from each other's point of view.

★Chapter 7

7
영어의
구구단

7. 영어의 구구단

1) 영어의 구구단은 12가지 시제에서 나온다.

① 현재형 – 현재진행형 – 현재완료형 – 현재완료진행형
② 과거형 – 과거진행형 – 과거완료형 – 과거완료진행형
③ 미래형 – 미래진행형 – 미래완료형 – 미래완료진행형

과거형	현재형	미래형
과거진행형	현재진행형	미래진행형
과거완료형	현재완료형	미래완료형
과거완료진행형	현재완료진행형	미래완료진행형

12가지 시제 형태가 있다. 여기에서 3x4=12의 구구단이 생겨난다. 입으로 외우기.
현재형 문장 하나가 주어지면 나머지 11가지 문장을 입으로 소리내서 외워야한다.

② I read a book.	① I read a book.	③ I will read a book.
⑤ I was reading a book.	④ I am reading a book.	⑥ I will be reading a book.
⑧ I had read a book.	⑦ I have read a book.	⑨ I will have read a book.
⑪ I had been reading a book.	⑩ I have been reading a book.	⑫ I will have been reading a book.

위에서 I read a book. 현재형 문장 ①이 주어지면 입으로 소리내서 나머지 11가지 문장을 만들어서 외워야한다.
머릿속으로 생각하지 않고 수학의 구구단 같이 입에서 나와야 한다.
주어를 you, he, she, they로 바꿔서 연습해본다.

2) 12가지 시제의 차이점 설명

① 현재형 : 나는 책을 읽는다(현재형). 나는 매일 책을 읽는다.
나는 한 달에 한 번 책을 읽는다. (현재시제를 나타낸다.)

② 과거형 : 나는 책을 읽었다. (나는 어제 책을 읽었다.) 나는 2년 전에 책을 읽었다.
(과거 시점에 일어난 때를 나타낼 때 read동사의 과거형 read를 사용한다. read 동사는 현재형, 과거형, 과거분사형이 모두 spell이 같으나, 발음만 과거, 과거분사일 때는 [red]로 발음된다.

③ 미래형 : 나는 책을 읽을 것이다.
미래를 나타내는 시제를 만들 때는 read원형 동사 앞에 will, shall의 조동사를 사용하여 미래 시재를 나타낸다.

④ 현재 진행형 : 나는 지금 책을 읽고 있는 중이다. 라는 현재 어떤 동작을 하고 있는 현재진행형 문장은 be동사 다음에 본동사의 ing 형을 사용한다. (am reading)
현재 진행형의 형태는 미래 시제를 나타내는 경우도 있다.
I am leaving soon. 나는 곧 떠날 것이다.

⑤ 과거 진행형 : 나는 어제 책을 읽고 있는 중이었다. 라는 의미의 과거에 어떤 행위를 진행하고 있었을 때, be 동사의 과거형 다음에 본동사의 ing형을 사용하여 만들어 준다. (was reading)

⑥ 미래 진행형 : 나는 20분 후에 책을 읽고 있는 중일 것이다. 의 미래 시점에서 어떤 행위를 진행하고 있을 때 (will be+동사의 ing형)
"나는 지금부터 책을 어느 시점까지 읽고 있을 것이다"라고 해석하는 것이 자연스럽다.

⑦ 현재 완료형 : 현재 완료형의 형태는 have(has)+p.p의 형태를 띠나, 용법은 워낙 다양하고 복잡하므로 나중에 따로 설명하기로 한다.
"나는 책을 다 읽었다." 완료를 나타낸다.

⑧ 과거 완료형 : 과거 완료형은 형태는 had+p.p의 형태를 띠나, 현재 완료형과 마찬가지로 용법은 다양하고 복잡하므로 나중에 따로 설명하기로 하자.
"나는 책을 다 읽은 적이 있었다." 과거 한 때의 "경험"을 나타낸다.

⑨ 미래 완료형 : 미래 완료형은 형태는 will(shall)+have+p.p의 형태를 띠고 사용은 어떤 일을 지금 시작하여서 미래 어느 시점에 끝내려고 할 때 사용한다.
예를 들면, 나는 내일까지 숙제를 끝내겠다. 라는 문장을 나타내려면,
I will have finished my homework by tomorrow.
"나는 지금부터 미래시점 언제까지 책 읽는 것을 끝마치겠다." 미래 시점의 완료를 나타낸다.

⑩ 현재완료 진행형 : 현재완료 진행형은 have(has)+been+동사의 ing형으로 나타내고,
용법은 "과거 어느 시점에 행위를 시작해서 현재까지도 계속하고 있는 중일 때"를 말한다.
(I have been doing womework.)

⑪ 과거 완료 진행형 : 과거완료 진행형은 어떤 행위를 과거 어느 시점에서 시작해서 현재까지가 아니고
덜 과거 시점까지 계속하고 있는 중일 때를 말한다.
예를 들면, "나는 2시간 전에 숙제를 하기 시작해서 30분전 까지도 하고 있는 중"을
나타낼 때를 말한다. (I had been doing homework.)

⑫ 미래 완료 진행형 : 미래 완료 진행형 형태가 will have been ~ing의 형태를 띠고, 어떤 일을 지금 시작해서
미래 어느 시점까지 계속 하고 있는 중일 때를 나타낸다.
예를 들면 "나는 지금 숙제를 하기 시작해서 2시간 후에도 계속하고 있는 중일 것"이다 라는
문장을 나타낼 때 사용한다, I will have been doing my homework.

영어의 구구단을 설명하기 전에 일반동사 중에 중요한 역할을 하는
have(has)동사와 do(does)동사에 대해 설명하기로 하자.
have(has) 동사는 ~을 가지다(갖다)의 의미로 쓰이고 조동사 역할도 한다.

먼저 do 동사는 본동사로 쓰일 때는 (~을 하다) 라는 동사로 사용되고 조동사 역할은 일반동사의 긍정문을
부정문이나 의문문으로 만들 때 사용된다.
예를 들면 (현재시제)의 문장

I do my homework everyday. (나는 매일 숙제를 한다) - 긍정문
 (본동사)
I do not(don't) do my homework everyday. (나는 매일 숙제를 하지 않는다) -부정문
  조동사   본동사
  (don't)
Do you do your homework everyday? (너는 매일 숙제를 하니?) - 의문문
He does his homework everyday. - 긍정문
He doesn't do his homework everyday. - 부정문
Does he do homework everyday? - 의문문

(주어의 인칭에 따라 do, does를 사용한다.)
주어가 I, You, They, We 일 때는 부정문, 의문문 만들 때 do not을 사용하고
주어가 he, she 일 때는 does not 을 사용한다.

cf) I read a book every day. (나는 책을 매일 읽는다) – 긍정문
I do not read a book every day. (나는 매일 책을 읽지 않는다.) – 부정문
Do you read a book every day? (너는 책을 매일 읽니?) – 의문문

문제는 앞에서도 설명하였듯이 시제가 변하기 때문에 이에 따라서 긍정문, 부정문, 의문문을 만드는 방법이 다르게 된다. – 예를 들어서

과거시제의 문장
I did my homework yesterday. (나는 어제 숙제를 하였다) –긍정문
본동사
I did not do my homework yesterday. (나는 어제 숙제를 하지 않았다.) – 부정문
Did you do your homework yesterday? (너는 어제 숙제를 했니?) – 의문문

Cf) I read a book yesterday. (과거시제) – 긍정문
I did not read a book yesterday. –부정문
Did you read a book yesterday? – 의문문

read(책을 읽다) 라는 일반동사는 현재형, 과거형, 과거분사형이 스펠링이 똑같고 발음만 달라진다. 현재시제로 쓰일 때는 "뤼드"라고 발음하고 과거형, 과거분사형으로 쓰일 때는 발음이 "뤠드"라고 발음한다.

다음에는 (미래시제의 문장)에 대하여 설명하기로 한다.

I will do my homework tomorrow. (나는 내일 숙제를 하겠다.) – 긍정문
I will not do my homework tomorrow. (나는 내일 숙제를 하지 않겠다.) – 부정문
Will you do your homework tomorrow? (너는 내일 숙제를 할꺼니?) – 의문문

일반동사는 어느 동사든 현재형, 과거형, 과거분사형의 3가지 형태가 있다.

ex)	현재형	과거	과거분사
	do (does)	did	done
	have (has)	had	had
	get	got	got
	take	took	taken
	work	worked	worked
	read	read	read
	put	put	put

그러면 왜 동사를 3가지 형태로 만들어 놓았는지 그 이유에 대하여 알아보기로 하자.

시제가 현재면 현재형 동사를 사용하고, 시제가 과거를 나타내면 동사의 과거형을 사용하고, 문장의 시제가 미래면 본동사 앞에 will 이나 shall 을 사용해서 나타내 준다.

그러면 나머지 동사의 과거분사형(past participle(p.p))은 왜 만들어 놓았는지에 대하여 알아보기로 하자. 앞에서 과거분사형이 사용되는 10가지 경유에 대하여 설명하였다. 여기에서는 시제에 사용되는 과거분사형에 대하여 설명하기로 하자.

많은 학생들이 동사의 현재형, 과거형, 미래형은 그나마 잘 나타내 주는데 과거 분사형에 대하여는 정확한 개념도 잘 모르고 활용도 잘 못한다.

시제에는 12가지 시제가 있다. 우선 완료형 시제는 현재완료형, 과거 완료형, 미래완료형의 3가지 형태가 있다. 예를 들어서 ("나는 방금 이 책을 다 읽었다" "나는 이 책을 전에 읽은 적이 있다." " 나는 이 책을 3시간 전부터 읽고 있다." "나는 결국 이 책을 다 못 읽었다.")의 문장을 영어 문장으로 나타낼 때는 과거시제의 문장을 사용하면 안 되고 "현재완료형"시제의 문장을 사용하여야 한다.

① 나는 방금 이 책을 다 읽었다. (완료)
② 나는 이 책을 전에 읽은 적이 있다. (경험)
③ 나는 이 책을 3시간 전부터 읽고 있다. (계속)
④ 나는 결국 이 책을 다 못 읽었다. (결과)

① "나는 방금 이 책을 다 읽었다"라는 것은 이 책을 3시간 전에 읽기 시작하였든, 어제부터 시작해서 지금 다 읽었든, 과거 어느 시점에서 책을 읽기 시작해서 지금 막 다 읽었다는 내용의 현재시점에 책 읽는 것을 "완료" 하였다는 의미이다.
이때는 현재완료형 문장을 사용한다. 동사의 형태는 (have(has)+과거분사) 로 된다.
(I have just read this book.) (read는 과거분사로써 발음은 "뤠드"이다)
(have+과거분사)

② "나는 이 책을 전에 읽은 적이 있다"라는 의미는 이 책을 이틀 전에 읽었든 2년전에 읽었든, 1초전에 다 읽었든 과거시점에서 지금까지 한동안의 이 책을 읽었다는 "경험"을 나타낸다.

I have read this book before.

③ "나는 이 책을 3시간 전부터 읽고 있다"
이 문장의 의미는 "3시간 전에 이 책을 읽기 시작해서 지금까지도 계속 읽고 있다"는 "계속"의 개념이다.
I have read this book since 3 hours ago.

④ 나는 이 책을 아직 다 못 읽었다.

I have not read this book yet.

이 문장의 의미는 이 책을 과거 어느 시점에 읽기 시작하였는데 현재 시점에서 볼 때 다 못 읽은 "결과"를 나타내준다.

다음에는 현재완료형의 긍정문, 부정문, 의문문 만드는 방법에 대하여 설명하기로 하자.

> I have read this book before. – 긍정문
> I have not read this book before. – 부정문
> Have you read this book before? – 의문문

> I have done my homework. – 긍정문
> I haven't done my homework. – 부정문
> Have you done your homework yet? – 의문문

위의 4가지 현재완료형 사용하는 경유에 대하여 살펴보았다. 이와같이 ④ 과거시점에서 현재시점까지의
① 완료, ② 경험, ③ 계속, ④ 결과에 대하여 "과거"시제의 문장이 아니다. "현재완료형" 시제의 문장을 사용하여야 한다.

" I do my homework every day." 문장도
① "나는 지금 숙제를 다 마쳤다." (완료)
② "나는 3시간 전에 숙제를 시작해서 지금까지도 하고 있다."
③ "나는 전에 이러한 종류의 숙제를 한 적이 있다." (경험)
④ 나는 이 숙제를 끝내려고 노력하였으나 결국 끝내지 못했다." (결과)

① I have just done my homework. (완료)
② I have done my homework since 3 hours ago. (계속)
③ I have never done this kind of homework before. (경험)
④ I was trying to finish my homework, but I have not done my homework yet. (결과)

(do 동사는 do-did-done 의 변화를 하고, ~하다라는 의미는 있지만, finish 동사같이 ~을 마치다, 끝내다 라는 뜻도 있다.)

다음에는 본동사 have(has)를 이용한 현재완료형 문장에 대해 설명하기로 하자.

I have talks with him every day. (나는 매일 그 사람하고 대화를 나눈다.)
I had talks with him yesterday. (나는 그 사람과 어제 대화를 나눴다.)
I will have talks with him tomorrows. (나는 내일 그 사람과 대화 할 것이다.)

① 나는 그 사람과 대화를 막 끝냈다.
② 나는 그 사람과 전에 대화를 한 적이 있다.
③ 나는 그 사람하고 그때 이후로 대화를 해왔다.
④ 그 사람하고 지금까지 대화를 나눈 것은 거의 무의미 하다.

① I have just had talks with him. (완료)
② I have had talks with him before. (경험)
③ I have had talks with him since then. (계속)

④ I haven't had talks with him. (결과) 나는 결국 그 사람과 대화를 못나눴다.

위 4가지 현재완료형 문장에서 (have(has)+p.p) 형태는 앞에 have(has)는 현재완료형 문장을 만들기 위해서 앞에 붙여주는 조동사 역할이고 뒤에 had는 본동사(have talks)에서 have 의 과거분사형이다. 주어가 he, she 일 때는 (has had) 의 형태로 되어야 한다.

현재완료 시제의 개념을 도표로 설명하면 아래와 같다.

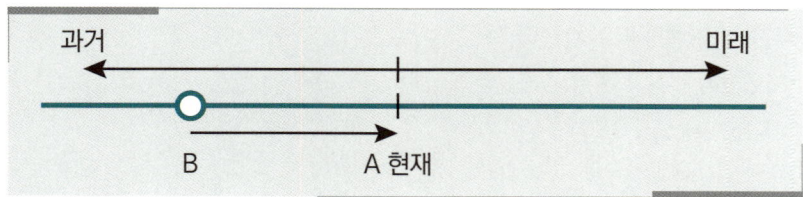

현재완료형 시제는 과거 어느 시점(B)에서 현재시점(A) 까지의 완료, 계속, 경험, 결과를 나타낼 때 쓰인다.

다음에는 과거완료형 시제의 용법에 대하여 설명하기로 하자.

① I had done my homework 3 years ago.
　　나는 3년 전에 숙제를 끝냈었다. (과거의 완료)
② I had not done my homework before.
　　나는 전에 숙제를 한 적이 없었다. (경험)
③ I had done my homework from 3 hours ago to 1 hour ago.
　　나는 숙제를 3 시간 전에 시작해서 1 시간 전까지 계속 했었다.(계속)
④ I realized that I had not done my best to do my homework.
　　나는 숙제를 과거에 하였을 때 최선을 다하지 않았던 것을 깨달았다. (결과)

과거완료형은 현재완료형과 다르게 과거의(왕년의) 한동안 완료, 계속, 경험, 결과를 나타낸다. 다시 말하면 더 과거시점에서 조금 덜 과거시점 동안에서의 완료, 계속, 경험, 결과를 나타낸다. 과거완료형 시제의 개념을 도표로 나타내면 아래와 같다.

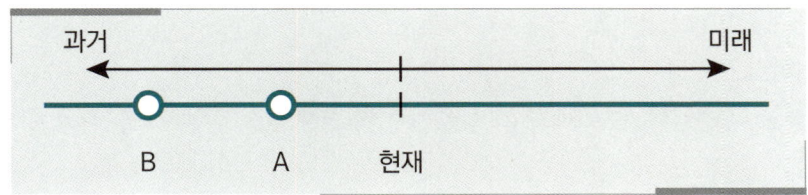

다시 말하면 더 과거시점(B)에서 덜 과거시점(A) 동안에 이루어진 완료, 계속, 경험, 결과의 개념을 나타내며 동사의 형태는 (had+과거분사) 이다.

긍정문, 부정문, 의문문 만드는 방법은 아래와 같다.
I had done my homework 1 year ago.
I had not done my homework 1 year ago.
Had you done your homework 1 year ago?

다음에는 미래완료형 시제의 용법에 대하여 설명하기로 하자.

미래완료형 시제는 지금부터 어떤 일을 시작해서 미래 어느 시점까지 마치겠다는 의미로 사용된다.

예를 들면 "나는 지금 숙제를 시작해서 3 시간내에 끝마치겠다."
              I will have finished in 3 hours.
미래완료형 시제의 형태는 (will(shall)+ have+p.p) 이다.

미래완료형은 현재완료형이나 과거완료형 시제와 같이 완료, 경험, 계속, 결과를 나타낼 때 모두 사용되지 않고 주로 완료의 개념일 때 주로 쓰이나, 반드시 그렇지도 않다.

cf) When you wake up, I will have come here.
    (나는 네가 일어날 때 여기에 와 있을 것이다.)
     미래시점의 결과을 나타낸다.

미래완료형 시제의 개념을 도표로 나타내면 아래와 같다.

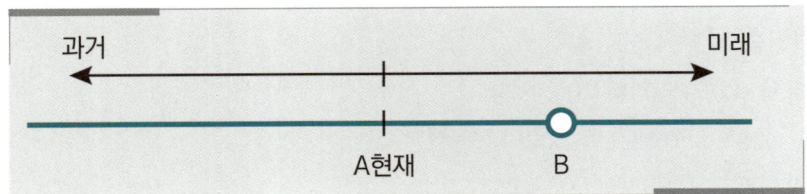

미래완료형 시제는 지금 (A) 시점에서 무엇을 시작해서 미래시점(B) 까지 완료하겠다는 의미이다.

다음에는 진행형 시제(현재진행형, 과거진행형, 미래진행형, 현재완료진행형, 과거완료진행형, 미래완료진행형)에 대하여 알아보기로 하자.

현재진행형 – (현재진행의 의미, 미래의 의미) 나타낸다.
미래형과 미래진행형은 거의 같은 의미로 쓰인다.
앞에서 각 시제(6가지)는 각자 진행형을 갖고 있다. 말 그대로 그 시점에서의 (현재, 과거, 미래) 진행하고 있는 상태를 나타낸다.

예를 들면
현재형	I do my homework.
현재진행형	(I am doing my homework.)
과거형	I did my homework.
과거진행형	(I was doing my homework.)
미래형	I will do my homework.
미래진행형	(I will be doing my homework.)

현재완료형	I have done my homework.
현재완료진행형	(I have been doing my homework.)
	(나는 과거 어느 시점에서 숙제를 하기 시작해서 덜 과거시점 까지도 하고 있는 중이다.)
과거완료형	I had done my homework.
과거완료진행형	I had been doing my homework.
	(나는 과거 어느 시점에서 숙제를 하기 시작해서 덜 과거시점 까지도 하고 있는 중이다.)
미래완료형	I will have done my homework.
미래완료진행형	I will have been doing my homework.
	(나는 숙제를 시작해서 미래 어느 시점까지도 하고 있는 중일 것이다.)

위의 3가지 진행형 문장 (현재완료 진행형, 과거완료 진행형, 미래완료진행형)은 완료, 경험, 계속, 결과 용법 중에서 계속의 개념으로 쓰이고 있다.

위의 6가지 진행형 문장의 부정문, 의문문 만드는 방법은 나중에 문장의 예를 들어서 설명하기로 하자.

진행형 문장에서 우리가 주의 해야할 사항에 대하여 설명 하기로 하자.

현재진행형 문장은 현재 ~을 하고 있는 중이다를 나타낼 때도 있고 미래형의 개념으로 쓰일 때도 있다.

ex) I am leaving now. (Are you leaving now?) 너는 지금 떠나려고 하느냐? 의 형태는 현재진행형이지만 "나는 지금 떠나려고 한다."라는 미래형으로 쓰인다.

I was leaving then.　　(Were you leaving?)
(나는 떠나려고 했었다.)　(너는 떠나려고 했었니?)
What are you saying now? (너는 지금 무엇을 말하려고 하니?)
What were you saying yesterday? (너는 어제 무엇을 말하려고 했었니?)

미래를 나타내는 시제 중에 (be going to + 동사) 의 용법이 있다.
I am going to leave now. (I am leaving now.) (I am not going to leave.)
(나는 지금 떠나려고 한다.)
I was going to leave then. (I was leaving then.) (I wasn't going to leave then.)
(나는 그 때 떠나려고 했었다.)
(Are you going to leave now?) (Are you leaving now?)
(Were you going to leave then?) (Were you leaving then?)

I am supposed to leave here. (나는 여기를 떠날 예정이다.)
I was supposed to leave then. (나는 그 때 떠날 예정이었었다.)
I am looking forward to leaving here. (나는 여기를 떠나기를 학수고대하고 있다.)
I was looking forward to leaving here. (나는 여기를 떠나기를 학수고대하고 있었다.)

be looking forward to 형태는 현재진행형 형태이지만 시제는 미래완료 진행형 의미를 갖고 있다.
be supposed to 형태는 수동태(be+과거분사) 형태지만 시제는 미래형.

진행형 문장에서 주의할 점이 또 있다. 어떤 경우에는 단순 미래형과 미래진행형 형태가 거의 같은 의미로 쓰일 때가 있다.

예를 들면, I will wait for you. (나는 너를 기다리겠다.)
I will be waiting for you. (나는 너를 기다리겠다.)
거의 같은 개념으로 현재 많이 사용된다.
("나는 미래 어느 시점에 너를 기다리고 있는 중일 것이다"의 미래진행형 의미로 쓰이지 않는다.)

ex) You should not be fighting against him.
위의 문장은 조동사 should를 포함한 진행형 문장이지만, 의미는 진행의 의미가 아니고 오히려 미래 시제의 개념을 나타낸다. 다시 말하면, "너는 그 사람에 대항하여 지금부터 싸우면 안된다"라는 미래형 시제의 개념을 나타낸다.

※ 미래시제를 나타낼때 4가지 방법이 있다.
① Will you leave soon?
② Are you going to leave soon?
③ Are you leaving soon?
④ Will you be leaving soon?
미래시제를 나타내는 경우 조동사 will을 사용하는 경우, be going to, be+ing, will be+ing의 경우가 있다.

cf) I thought you were leaving tomorrow.

중요한 동사의 구구단 외우기 연습하기

do (do - did - done) 3x4=12 일반동사의 12가지 시제

과거(past)	현재(present)	미래(future)
과거형 I did homework ↓ 과거 진행형 I was doing homework. ↓ 과거 완료형 I had done homework. ↓ 과거완료 진행형 I had been doing homework.	현재형 I do homework. ↓ 현재 진행형 I am doing homework. ↓ 현재 완료형 I have done homework. ↓ 현재완료 진행형 I have been doing homework.	미래형 I will do homework. ↓ 미래 진행형 I will be doing homework. ↓ 미래 완료형 I will have done homework. ↓ 미래완료 진행형 I will have been doing homework.

(나는 숙제를 한다.)

미래진행형은 미래형과 거의 같은 개념으로 사용하고 있다. (미래형: 나는 숙제를 하겠다. 미래진행형: 나는 숙제를 하고 있을 것이다(x).

영어는 결국 시제의 극복이다. → 시제의 구구단 외우기

영어의 구구단을 외우지 않고는 절대 영어를 잘 할 수 없다.

do 동사는 do(does) → done의 형태로 변화한다. do 동사를 사용하여 12가지 시제의 문장을 만들어 본다.

※ I do my homework.의 문장을 주어를
　He reads this book.
　She reads her book.
　They read their book.의 문장을 12가지 시제의 문장을 입으로 소리내서 외우기.

do 동사 활용하기 (do - did - done)

과거형	현재형	미래형
	I do homework.	
과거 진행형	현재 진행형	미래 진행형
과거 완료형	현재 완료형	미래 완료형
과거완료 진행형	현재완료 진행형	미래완료 진행형

슬기로운 영어 공부 | 105

주어 I를 you, he, she, they 로 바꿔서 연습하기
입으로 소리 내서 나머지 빈 칸 11개 완성하고 구구단 같이 완전히 외우기
현재형 문장 I do homework. 의 문장이 주어지면 나머지 11개의 문장을 입으로 소리 내서 만들 수 있어야 한다. 될 때까지 구구단 외우듯이 입으로 연습해야 한다. 그래야만 구구단 마냥 머릿속에서 생각 안 하고 바로 튀어 나오는 영어를 할 수 있다.

입으로 소리내서 She reads a book.의 현재형 문장을 보고 나머지 11가지 시제를 외우고 각 시제의 부정문, 의문문도 입으로 소리내서 구구단 같이 외운다.

	과거형	현재형	미래형
긍정문	She did homework.	She does homework.	She will do homework.
부정문	She didn't do homework.	She doesn't do homework.	She won't do homework.
의문문	Did she do homework?	Does she do homework?	Will she do homework?
	과거진행형	현재진행형	미래진행형
긍정문	She was doing homework.	She is doing homework.	She will be doing homework.
부정문	She wasn't doing homework.	She isn't doing homework.	She won't be doing homework.
의문문	Was she doing homework?	Is she doing homework?	Will she be doing homework?
	과거완료형	현재완료형	미래완료형
긍정문	She had done homework.	She has done homework.	She will have done homework.
부정문	She hadn't done homework.	She hasn't done homework.	She won't have done homework.
의문문	Had she done homework?	Has she done homework?	Will she have done homework?
	과거완료진행형	현재완료진행형	미래완료진행형
긍정문	She had been doing homework.	She has been doing homework.	She will have been doing homework.
부정문	She hadn't been doing homework.	She hasn't been doing homework.	She won't have been doing homework.
의문문	Had she been doing homework?	Has she been doing homework?	Will she have been doing homework?

everyday, tomorrow, yesterday, then, after a while, for a while, since a while ago, since, before, ago, later 등의 시제를 나타내는 명사 또는 구를 각 문장에 적응시켜보는 연습을 하여보자.

eat (eat – ate – eaten) 일반동사의 12가지 시제

과거(past)	현재(present)	미래(future)
과거형 I ate lunch(yesterday) ↓	현재형 I eat lunch. ↓	미래형 I will eat lunch(tomorrow). ↓
과거 진행형 I was eating lunch. ↓	현재 진행형 I am eating lunch. ↓	미래 진행형 I will be eating lunch. ↓
과거 완료형 I had eaten lunch. ↓	현재 완료형 I have eaten lunch. ↓	미래 완료형 I will have eaten lunch. ↓
과거완료 진행형 I had been eating lunch.	현재완료 진행형 I have been eating lunch.	미래완료 진행형 I will have been eating lunch.

(나는 점심을 먹는다.)

영어의 구구단 3x4 = 12

eat 동사는 eat → ate → eaten의 형태로 변화한다. 12가지 시제의 문장을 만들어 본다.

현재형 문장 I have dinner을 사용해서 12가지 시제의 문장을 만들어서 입으로 연습하기.
(eat (=have))

eat 동사 활용하기 (eat – ate – eaten)

과거형	현재형	미래형
	I eat lunch.	
과거 진행형	현재 진행형	미래 진행형
과거 완료형	현재 완료형	미래 완료형
과거완료 진행형	현재완료 진행형	미래완료 진행형

입으로 소리 내서 나머지 빈 칸 11개 완성하고 구구단 같이 외우기.

현재형의 문장 I eat lunch.의 문장이 주어지면 나머지 11개의 시제의 문장을 만들어서 보지 않고 입으로 소리 내어 외울 때까지 연습한다. 주어를 you, he, she, they로 바꿔서 연습해본다.

take (take-took-taken) 일반 동사의 12가지 시제

과거(past)	현재(present)	미래(future)
과거형 I took an exam ↓ 과거 진행형 I was taking an exam. ↓ 과거 완료형 I had taken an exam. ↓ 과거완료 진행형 I had been taking an exam.	현재형 I take an exam. ↓ 현재 진행형 I am taking an exam. ↓ 현재 완료형 I have taken an exam. ↓ 현재완료 진행형 I have been taking an exam.	미래형 I will take an exam. ↓ 미래 진행형 I will be taking an exam. ↓ 미래 완료형 I will have taken an exam. ↓ 미래완료 진행형 I will have been taking an exam.

(나는 시험을 치른다.)

나는 시험을 다 마쳤다.(현재 완료형)
나는 시험을 얼마 전에 다 마쳤다.(과거 완료형)

take 동사 활용하기 (take - took - taken)

과거형	현재형	미래형
	I take an exam.	
과거 진행형	현재 진행형	미래 진행형
과거 완료형	현재 완료형	미래 완료형
과거완료 진행형	현재완료 진행형	미래완료 진행형

현재형 문장 1개 주어지면 나머지 11개 문장 소리 내서 만들고 구구단 같이 입에서 생각하지 않고 튀어 나올 때까지 연습하기. 주어를 you, he, she, they로 바꿔서 연습해본다.

Read (Read - Read - Read) 일반동사의 12가지 시제

과거(past)	현재(present)	미래(future)
과거형	현재형	미래형
I read a book	I read a book	I will read a book
↓	↓	↓
과거 진행형	현재 진행형	미래 진행형
I was reading a book	I am reading a book	I will be reading a book
↓	↓	↓
과거 완료형	현재 완료형	미래 완료형
I had read a book	I have read a book	I will have read a book
↓	↓	↓
과거완료 진행형	현재완료 진행형	미래완료 진행형
I had been reading a book	I have been reading a book	I will have been reading a book

(나는 책을 읽는다.)

read 동사는 3가지 변화의 형태가 read → read → read 똑같다.
단지 발음만 과거, 과거분사로 사용될 때 (red) 로 바뀐다.

Read 동사 활용하기 (read - read - read)

과거형	현재형	미래형
	I read a book.	
과거 진행형	현재 진행형	미래 진행형
과거 완료형	현재 완료형	미래 완료형
과거완료 진행형	현재완료 진행형	미래완료 진행형

read 동사는 현재형, 과거형, 과거분사형의 형태가 똑같고 발음만 다르다.
현재형일 때는 (ri:d), 과거형, 과거분사형은 red로 발음한다.
앞에서와 같이 현재형 문장을 보고 나머지 11개 문장을 소리내서 입으로 외운다.
주어를 you, he, she, they로 바꿔서 연습해본다.

※ 12 가지 시제

과거형 She read a book.	현재형 She reads a book.	미래형 She will read a book.
과거 진행형 She was reading a book.	현재 진행형 She is reading a book.	미래 진행형 She will be reading a book.
과거 완료형 She had read a book.	현재 완료형 She has read a book.	미래 완료형 She will have read a book.
과거완료 진행형 She had been reading a book.	현재완료 진행형 She has been reading a book.	미래완료 진행형 She will have been reading a book.

주어를 she로 바꾸었을 때 12가지 시제 사례

3) 12가지 시제의 긍정문, 부정문, 의문문

	과거형	현재형	미래형
긍정문	She read a book.	She reads a book.	She will read a book.
부정문	She didn't read a book.	She doesn't read a book.	She won't read a book.
의문문	Did she read a book?	Does she read a book?	Will she read a book?
	과거진행형	현재진행형	미래진행형
긍정문	She was reading a book.	She is reading a book.	She will be reading a book.
부정문	She wasn't reading a book.	She isn't reading a book.	She won't be reading a book.
의문문	Was she reading a book?	Is she reading a book?	Will she be reading a book?
	과거완료형	현재완료형	미래완료형
긍정문	She had read a book.	She has read a book.	She will have read a book.
부정문	She hadn't read a book.	She hasn't read a book.	She won't have read a book.
의문문	Had she read a book?	Has she read a book?	Will she have read a book?
	과거완료진행형	현재완료진행형	미래완료진행형
긍정문	She had been reading a book.	She has been reading a book.	She will have been reading a book.
부정문	She hadn't been reading a book.	She hasn't been reading a book.	She won't have been reading a book.
의문문	Had she been reading a book?	Has she been reading a book?	Will she have been reading a book?

영어 구구단 발생 경로

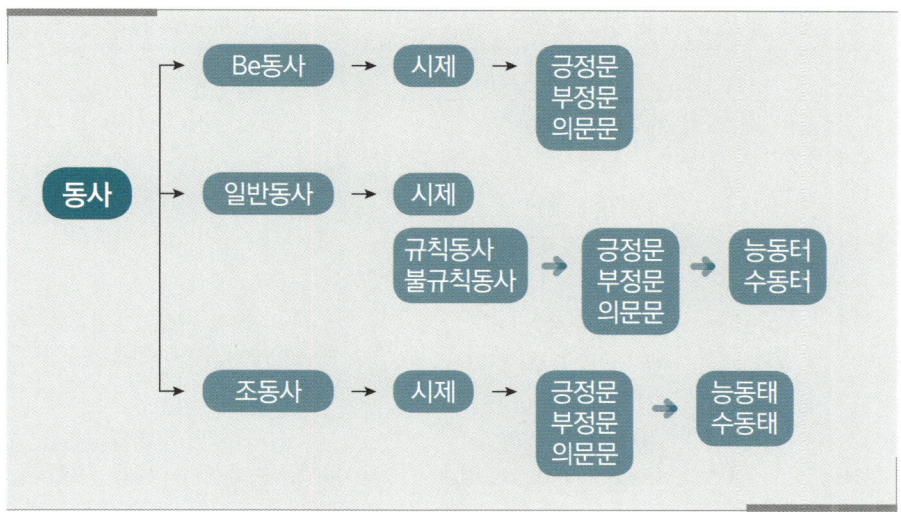

※ 연습하기 (12가지 시제의 긍정문, 부정문, 의문문)

	과거형	현재형	미래형
긍정문		She reads a book.	
부정문			
의문문			
	과거진행형	현재진행형	미래진행형
긍정문			
부정문			
의문문			
	과거완료형	현재완료형	미래완료형
긍정문			
부정문			
의문문			
	과거완료진행형	현재완료진행형	미래완료진행형
긍정문			
부정문			
의문문			

write (write – wrote – written) 일반동사의 12가지 시제

과거(past)	현재(present)	미래(future)
과거형	현재형	미래형
I wrote a letter. ↓ 과거 진행형 I was writing a letter. ↓ 과거 완료형 I had written a letter. ↓ 과거완료 진행형 I had been writing a letter.	I write a letter. ↓ 현재 진행형 I am writing a letter. ↓ 현재 완료형 I have written a letter. ↓ 현재완료 진행형 I have been writing a letter.	I will write a letter. ↓ 미래 진행형 I will be writing a letter. ↓ 미래 완료형 I will have ritten a letter. ↓ 미래완료 진행형 I will have been writing a letter.

(나는 편지를 쓴다.)
write 동사는 3가지 변화의 형태가 write → wrote → written 의 형태로 바뀐다.

write 동사 활용하기 (write – wrote – written)

과거형	현재형	미래형
	I write a letter.	
과거 진행형	현재 진행형	미래 진행형
과거 완료형	현재 완료형	미래 완료형
과거완료 진행형	현재완료 진행형	미래완료 진행형

write 동사를 활용하는데 현재형 문장 하나가 주어졌으므로 나머지 11개 문장을 소리내서 입으로 외우기. 주어를 you, he, she, they로 바꿔서 연습해본다.

지금까지 불규칙 동사 do, take, read, write, eat 5개의 동사를 사용하여 각 동사의 12가지 시제 만드는 법을 공부하였고, 12가지 예문을 소리 내서 구구단 같이 외워야 speaking 할 때 머리 속에서 시제에 대한 생각을 안 하고 바로 입에서 각 시제의 문장이 튀어나오게 해야 한다. 다음에는 12개의 각 시제의 문장은 3가지 종류의 문장이 존재한다. 긍정문, 부정문, 의문문이다. 지금까지의 시제에서 예를 든 문장은 긍정문이므로, 각 문장의 부정문, 의문문을 만들어서 소리 내서 또 구구단 같이 외워야 한다. 왜냐하면 회화할 때 긍정문, 의문문, 부정문 문장이 모두 필요하기 때문이다.

문장의 3가지 형태(긍정문, 부정문, 의문문)

I do homework. 각 시제의 부정문, 의문문 만들기

	과거형	현재형	미래형
긍정문	I did homework.	I do homework.	I will do homework.
부정문	I did not do homework.	I do not do homework.	I will not do homework.
의문문	Did you do homework?	Do you do homework?	Will you do homework?
	과거진행형	현재진행형	미래진행형
긍정문	I was doing homework.	I am doing homework.	I will be doing homework.
부정문	I was not doing homework.	I am not doing homework.	I will not be doing homework.
의문문	Were you doing homework?	Are you doing homework?	Will you be doing homework?
	과거완료형	현재완료형	미래완료형
긍정문	I had done homework.	I have done homework.	I will have done homework.
부정문	I had not done homework.	I have not done homework.	I will not have done homework.
의문문	Had you done homework?	Have you done homework?	Will you have done homework?
	과거완료진행형	현재완료진행형	미래완료진행형
긍정문	I had been doing homework.	I have been doing homework.	I will have been doing homework.
부정문	I had not been doing homework.	I have not been doing homework.	I will not have been doing homework.
의문문	Had you been doing homework?	Have you been doing homework?	Will you have been doing homework?

※주어 I를 you, he, she, they 로 바꿔서 연습하기

cf) I have done my homework yet.
　　I haven't done my homework yet.
　　(Have you decided yet?)
　　(I haven't decided yet.)

I do homework.

	과거형	현재형	미래형
긍정문		I do homework.	
부정문			
의문문			
	과거진행형	현재진행형	미래진행형
긍정문			
부정문			
의문문			
	과거완료형	현재완료형	미래완료형
긍정문			
부정문			
의문문			
	과거완료진행형	현재완료진행형	미래완료진행형
긍정문			
부정문			
의문문			

현재형 문장 I do homework. 이 주어지면 입으로 소리 내서 12가지 시제의 문장을 만들어서 외우고 각 시제의 문장의 부정문, 의문문을 만들어서 소리 내어 외울 때까지 연습한다. 주어 I를 you, he, she, they로 바꿔서 연습하기.

I eat lunch.

	과거형	현재형	미래형
긍정문	I ate lunch.	I eat lunch.	I will eat lunch.
부정문	I didn't eat lunch.	I don't eat lunch.	I will not eat lunch.
의문문	Did you eat lunch?	Do you eat lunch?	Will you eat lunch?
	과거진행형	현재진행형	미래진행형
긍정문	I was eating lunch.	I am eating lunch.	I will be eating lunch.
부정문	I was not eating lunch.	I am not eating lunch.	I will not be eating lunch.
의문문	Were you eating lunch?	Are you eating lunch?	Will you be eating lunch?
	과거완료형	현재완료형	미래완료형
긍정문	I had eaten lunch.	I have eaten lunch.	I will have eaten lunch.
부정문	I had not lunch.	I have not eaten lunch.	I will not have eaten lunch.
의문문	Had you eaten lunch?	Have you eaten lunch?	Will you have eaten lunch?
	과거완료진행형	현재완료진행형	미래완료진행형
긍정문	I had been eating lunch.	I have been eating lunch.	I will have been eating lunch.
부정문	I had not been eating lunch.	I have not been eating lunch.	I will not have been eating lunch.
의문문	Had you been eating lunch?	Have you been eating lunch?	Will you have been eating lunch?

I eat lunch.

	과거형	현재형	미래형
긍정문		I eat lunch.	
부정문			
의문문			
	과거진행형	현재진행형	미래진행형
긍정문			
부정문			
의문문			
	과거완료형	현재완료형	미래완료형
긍정문			
부정문			
의문문			
	과거완료진행형	현재완료진행형	미래완료진행형
긍정문			
부정문			
의문문			

I eat lunch.의 현재형이 주어지면 나머지 시제의 문장을 만들고, 각 시제의 문장에 해당되는 부정문과 의문문을 만들어서 입으로 소리내어 구구단 같이 외울 때 까지 연습한다.

주어 I를 you, he, she, they로 바꿔서 연습해본다.

I read a book.

	과거형	현재형	미래형
긍정문	I read a book.	I read a book.	I will read a book.
부정문	I didn't read a book.	I don't read a book.	I will not read a book. (won't)
의문문	Did you read a book?	Do you read a book?	Will you read a book?
	과거진행형	현재진행형	미래진행형
긍정문	I was reading a book.	I am reading a book.	I will be reading a book.
부정문	I was not reading a book.	I am not reading a book.	I will not be reading a book
의문문	Were you reading a book?	Are you reading a book?	Will you be reading a book?
	과거완료형	현재완료형	미래완료형
긍정문	I had read a book	I have read a book.	I will have read a book.
부정문	I had not read a book.	I have not read a book.	I will not have read a book.
의문문	Had you read a book?	Have you read a book?	Will you have read a book?
	과거완료진행형	현재완료진행형	미래완료진행형
긍정문	I had been reading a book.	I have been reading a book.	I will have been reading a book.
부정문	I had not been reading a book.	I have not been reading a book.	I will not have been reading a book.
의문문	Had you been reading a book?	Have you been reading a book?	Will you have been reading a book?

※주어 I를 you, he, she, they 로 바꿔서 구구단 연습하기

조동사 연습하기

I can read a book.
I may read a book.
I should read a book.
I might read a book.
I am able to read a book.

I was able to read a book.

I cannot have read a book.
I should not have read a book.
I could have read a book.

I can't read a book.
I may not read a book.
I shouldn't read a book.
I might not read a book.
I am not able to read a book.
(I am unable to read a book.)

I wasn't able to read a book.
(I was unable to read a book.)

I might have read a book.
I must have read a book.

Can you read a book?
May I read a book?
Should I read a book?
Might I read a book?
Am I be able to read book?

Was I able to read a book?

I should have read a book.
I would have read a book.

I read a book.

	과거형	현재형	미래형
긍정문		I read a book.	
부정문			
의문문			
	과거진행형	현재진행형	미래진행형
긍정문			
부정문			
의문문			
	과거완료형	현재완료형	미래완료형
긍정문			
부정문			
의문문			
	과거완료진행형	현재완료진행형	미래완료진행형
긍정문			
부정문			
의문문			

※ 전 단계와 똑같은 방법으로 연습한다. 주어 I를 you, he, she, they 로 바꿔서 연습해본다.

조동사 수동태형 문장 연습하기

A book can be read by me.
A book may be read by me.
A book should be read by me.
A book cannot have been read by me.
A book might have been read by me.
A book should have been read by me.
A book would have been read by me.
A book could have been read by me.

You should be able to read a book.
You might be able to read a book.
You could be able to read a book. (x)
You would be able to read it.

I take an exam.

	과거형	현재형	미래형
긍정문	I took an exam.	I take an exam.	I will take an exam.
부정문	I didn't take an exam.	I don't take an exam.	I will not take an exam.
의문문	Did you take an exam?	Do you take an exam?	Will you take an exam?
	과거진행형	현재진행형	미래진행형
긍정문	I was taking an exam.	I am taking an exam.	I will be taking an exam.
부정문	I was not taking an exam.	I am not taking an exam.	I will not be taking an exam.
의문문	Were you taking an exam?	Are you taking an exam?	Will you be taking an exam?
	과거완료형	현재완료형	미래완료형
긍정문	I had taken an exam.	I have taken an exam.	I will have taken an exam.
부정문	I had not taken an exam.	I have not taken an exam.	I will not have taken an exam.
의문문	Had you taken an exam?	Have you taken an exam?	Will you have taken an exam?
	과거완료진행형	현재완료진행형	미래완료진행형
긍정문	I had been taking an exam.	I have been taking an exam.	I will have been an exam.
부정문	I had not been taking an exam.	I have not been taking an exam.	I will not have been taking an exam.
의문문	Had you been taking an exam?	Have you been taking an exam?	Will you have been taking an exam?

take 동사는 3단계 변화 형태가 take → took → taken 의 형태다.

I take an exam.

	과거형	현재형	미래형
긍정문		I take an exam.	
부정문			
의문문			
	과거진행형	현재진행형	미래진행형
긍정문			
부정문			
의문문			
	과거완료형	현재완료형	미래완료형
긍정문			
부정문			
의문문			
	과거완료진행형	현재완료진행형	미래완료진행형
긍정문			
부정문			
의문문			

※ 전 단계의 동사와 똑같은 방법으로 연습한다. 주어 I를 you, he, she, they 로 바꿔서 연습해본다.

I write a letter.

	과거형	현재형	미래형
긍정문	I wrote a letter.	I write a letter.	I will write a letter.
부정문	I didn't write a letter.	I don't write a letter. (She writes a letter)	I will not write a letter.
의문문	Did you write a letter?	Do you write a letter? Does she write a letter?	Will you write a letter?
부정 의문문	Didn't you write a letter?	Doesn't she write a letter?	
	과거진행형	**현재진행형**	**미래진행형**
긍정문	I was writing a letter.	I am writing a letter.	I will be writing a letter.
부정문	I was not writing a letter.	I am not writing a letter.	I will not be writing a letter.
의문문	Were you writing a letter?	Are you writing a letter?	Will you be writing a letter?
부정 의문문			
	과거완료형	**현재완료형**	**미래완료형**
긍정문	I had written a letter.	(She has written a letter.) I have written a letter.	I will have written a letter.
부정문	I had not written a letter.	I have not written a letter.	I will not have written a letter.
의문문	Had you written a letter?	Have you written a letter? Has she written a letter?	Will you have written a letter?
부정 의문문		Hasn't she written a letter?	
	과거완료진행형	**현재완료진행형**	**미래완료진행형**
긍정문	I had been writing a letter.	She has been writing a letter. I have been writing a letter	I will have been writing a letter.
부정문	I had not been writing a letter.	I have not been writing a letter.	I will not have been writing a letter.
의문문	Had you been writing a letter?	Have you been writing a letter? Has she been writing a letter?	Will you have been writing a letter?
부정 의문문	Hadn't you been writing a letter?		

※ write 동사의 3가지 변화형태는 write → wrote → written 이다.
　주어를 he, she, they로 바꿔서 연습한다.

I have talks with him. (I have a talk with him.)

	과거형	현재형	미래형
긍정문	I had talks with him.	I have talks with him.	I will have talks with him.
부정문	I didn't have talks with him.	I don't have talks with him.	I won't have talks with him.
의문문	Did you have talks with him?	Do you have talks with him?	Will you have talks with him?
	과거진행형	현재진행형	미래진행형
긍정문	I was having talks with him.	I am having talks with him.	I will be having talks with him.
부정문	I wasn't having talks with him.	I am not having talks with him.	I won't be having talks with him.
의문문	Were you having talks with him?	Are you having talks with him?	Will you be having talks with him?
	과거완료형	현재완료형	미래완료형
긍정문	I had had talks with him.	I have had talks with him.	I will have had talks with him.
부정문	I hadn't had talks with him.	I haven't had talks with him.	I won't have had talks with him.
의문문	Had I had talks with him?	Have you had talks with him?	Will you have had talks with him?
	과거완료진행형	현재완료진행형	미래완료진행형
긍정문	I had been having talks with him.	I have been having talks with him.	I will have been having talks with him.
부정문	I hadn't been having talks with him.	I haven't been having talks with him.	I won't have been having talks with him.
의문문	Had you been having talks with him?	Have you been having talks with him?	Will you have been having talks with him?

※ 현재형 문장 I have talks with him. 가 주어지면 나머지 12가지 시제의 문장을 머릿속에서 생각하지 않고 입으로 외워서 즉시 입에서 튀어 나올 수 있을 때까지 연습하고 12가지 시제의 문장에 해당되는 부정문, 의문문도 입에서 생각하지 않고 튀어 나올 수 있을때까지 연습한다. 의문문은 주어를 I에서 You로 바꿔서 연습해본다. 주어를 he, she로 바꿔서 연습한다.

I was doing my H·W → I was going to do my H·W
I am doing my H·W → I am going to do my H·W
I am leaving soon → I am going to leave soon
I was leaving then → I was going to leave then

I am doing my H·W now (cf) I am doing my H·W soon

While Liz Cheney was standing up for truth, the Republican was cowering.
　　　　　　　　　　　　　　　　　　(was going to cower)

I have to have talks with him.
I had to have talks with him.
I will have to have talks with him.
I have had to have talks with him.
I had had to have talks with him.
I will have had to have talks with him.

I take an exam.

	과거형	현재형	미래형
긍정문		I have talks with him.	
부정문			
의문문			
	과거진행형	현재진행형	미래진행형
긍정문			
부정문			
의문문			
	과거완료형	현재완료형	미래완료형
긍정문			
부정문			
의문문			
	과거완료진행형	현재완료진행형	미래완료진행형
긍정문			
부정문			
의문문			

I write a letter.

	과거형	현재형	미래형
긍정문		I write a letter.	
부정문			
의문문			

	과거진행형	현재진행형	미래진행형
긍정문			
부정문			
의문문			

	과거완료형	현재완료형	미래완료형
긍정문			
부정문			
의문문			

	과거완료진행형	현재완료진행형	미래완료진행형
긍정문			
부정문			
의문문			

4) 목적어를 가지고 있는 문장은 수동태가 있다.

능동태 → 수동태
I do homework.

능동태	I did homework.	I do homework.	I will do homework.
수동태	Homework was done by me.	Homework is done by me.	Homework will be done by me.
능동태	I was doing homework.	I am doing homework.	I will be doing homework.
수동태	Homework was being done by me.	Homework is being done by me.	Homework will be being done by me.
능동태	I had done homework.	I have done homework.	I will have done homework.
수동태	Homework had been done by me.	Homework has been done by me.	Homework will have been done by me.
능동태	I had been doing homework.	I have been doing homework.	I will have been doing homework.
수동태	Homework had been being done by me.	Homework has been being done by me.	Homework will have been being done by me.

(Homework is being done in 2 hours.)
do 동사를 이용한 12가지 시제에 대한 수동태 만드는 방법이다.
만드는 방법은 과거분사 활용법에서 설명하였으므로 생략하고, 현재형 문장 I do homework.이 주어지면 나머지 11개의 시제형을 만들고 각 시제에 대한 수동태형을 만들어 입으로 소리내서 외운다.

능동태 → 수동태
I do homework.

능동태	I did homework.	I do homework.	I will do homework.
수동태			
능동태	I was doing homework.	I am doing homework.	I will be doing homework.
수동태			
능동태	I had done homework.	I have done homework.	I will have done homework.
수동태			
능동태	I had been doing homework.	I have been doing homewcrk.	I will have been doing homework.
수동태			

※ I do homework. 의 한 문장이 주어지면 나머지 11개 시제의 문장을 입으로 발음해서 만들고 각 시제의 문장에 해당되는 수동태 문장을 입으로 소리 내서 만들어야 한다. 그리고 각 시제의 문장에 대한 부정문, 의문문의 수동태 문장도 만들어야 한다.

주어 I를 you, he, she, they 로 바꿔서 연습해본다.

능동태 → 수동태
I eat lunch.

능동태	I ate lunch.	I eat lunch.	I will eat lunch.
수동태	Lunch was eaten by me.	Lunch is eaten by me.	Lunch will be eaten by me.
능동태	I was eating lunch.	I am eating lunch.	I will be eating lunch.
수동태	Lunch was being eaten by me.	Lunch is being eaten by me.	Lunch will be being eaten by me.
능동태	I had eaten lunch.	I have eaten lunch.	I will have eaten lunch.
수동태	Lunch had been eaten by me.	Lunch has been eaten by me.	Lunch will have been eaten by me.
능동태	I had been eating lunch.	I have been eating lunch.	I will have been eating lunch.
수동태	Lunch had been being eaten by me.	Lunch have been being eaten by me.	Lunch will have been being eaten by me.

능동태 → 수동태

	과거형	현재형	미래형
능동태		I eat lunch.	
수동태			
	과거 진행형	현재 진행형	미래 진행형
능동태			
수동태			
	과거 완료형	현재 완료형	미래 완료형
능동태			
수동태			
	과거완료 진행형	현재완료 진행형	미래완료 진행형
능동태			
수동태			

※ I eat lunch. 의 현재형 문장이 주어지면 나머지 11개 시제의 문장을 입으로 소리내서 만들고 각 시제의 문장을 수동태 문장으로 입으로 소리 내서 만든다.
　주어 I를 you, he, she, they 로 바꿔서 연습해본다.

능동태 → 수동태
I read a book.

능동태	I read a book.	I read a book.	I will read a book.
수동태	A book was read by me.	A book is read by me.	A book will be read by me.
능동태	I was reading book.	I am reading a book.	I will be reading a book.
수동태	A book was being read by me.	A book is being read by me.	A book will be being read by me.
능동태	I had read a book.	I have read a book.	I will have read a book.
수동태	A book had been read by me.	A book has been read by me.	A book will have been read by me.
능동태	I had been reading a book.	I have been reading a book.	I will have been reading a book.
수동태	A book had been being read by me.	A book has been being read by me.	A book will have been being read by me.

능동태 → 수동태

	과거형	현재형	미래형
능동태		I read a book.	
수동태			
	과거 진행형	현재 진행형	미래 진행형
능동태			
수동태			
	과거 완료형	현재 완료형	미래 완료형
능동태			
수동태			
	과거완료 진행형	현재완료 진행형	미래완료 진행형
능동태			
수동태			

※ 연습하는 방법은 전과 동일하다.
   주어 I를 you, he, she, they 로 바꿔서 연습해본다.

능동태 → 수동태
I take an exam.

능동태	I took an exam.	I take an exam.	I will take an exam.
수동태	An exam was taken by me.	An exam is taken by me.	An exam will be taken by me.
능동태	I was taking an exam.	I am taking an exam.	I will be taking an exam.
수동태	An exam was being taken by me.	An exam is being taken by me.	An exam will be being taken by me.
능동태	I had taken an exam.	I have taken an exam.	I will have taken an exam.
수동태	An exam had been taken by me.	An exam has been taken by me.	An exam will have been taken by me.
능동태	I had been taking an exam.	I have been taking an exam.	I will have been taking an exam.
수동태	An exam had been being taken by me.	An exam has been being taken by me.	An exam will have been being taken by me.

능동태 → 수동태

	과거형	현재형	미래형
능동태		I take an exam.	
수동태			
	과거 진행형	현재 진행형	미래 진행형
능동태			
수동태			
	과거 완료형	현재 완료형	미래 완료형
능동태			
수동태			
	과거완료 진행형	현재완료 진행형	미래완료 진행형
능동태			
수동태			

※ 연습하는 방법은 전과 동일하다.
　주어 I를 you, he, she, they 로 바꿔서 연습해본다.

능동태 → 수동태
I write a letter.

※ 수동태도 긍정문·부정문·의문문이 있다

능동태	I wrote a letter. 부정 wasn't written 의문 was a letter written by me?	I write a letter.	I will write a letter.
수동태	A letter was written by me.	A letter is written by me.	A letter will be written by me.
능동태	I was writing a letter.	I am writing a letter.	I will be writing a letter.
수동태	A letter was being written by me.	A letter is being written by me.	A letter will be being written by me.
능동태	I had written a letter.	I have written a letter.	I will have written a letter.
수동태	A letter had been written by me.	A letter has been written by me. 부정 has not been written 의문 Has a letter been written?	A letter will have been written by me.
능동태	I had been writing a letter.	I have been writing a letter.	I will have been writing a letter.
수동태	A letter had been being written by me.	A letter has been being written by me.	A letter will have been being written by me.

능동태 → 수동태

	과거형	현재형	미래형
능동태		I write a letter.	
수동태			
	과거 진행형	현재 진행형	미래 진행형
능동태			
수동태			
	과거 완료형	현재 완료형	미래 완료형
능동태			
수동태			
	과거완료 진행형	현재완료 진행형	미래완료 진행형
능동태			
수동태			

※ 연습하는 방법은 전과 동일하다.
주어 I를 you, he, she, they 로 바꿔서 연습해본다.

목적어가 있는 일반동사, 규칙동사의 구구단 예문

(각 문장의 부정문, 의문문의 수동태형은 생략됨.)

I studied English. I didn't study English. Did you study English?	I study English. I don't study English. Do you study English?	I will study English. I will not study English. Will you study English?
수동태 English was studied by me.	English is studied by me.	English will be studied by me.
I was studying English. I was not studying English. Were you studying English?	I am studying English. I am not studying English. Are you studying English?	I will be studying English. I will not be studying English. Will you be studying English?
수동태 English was being studied by me?	English is being studied by me.	English will be being studied by me.
I had studied English. I hadn't studied English. Had you studied English?	I have studied English. I haven't studied English. Have you studied English?	I will have studied English. I will not have studied English. Will you have studied English?
수동태 English had been studied by me.	English has been studied by me.	English will have been studied by me.
I had been studying English. I hadn't been studying English. Had you been studying English?	I have been studying English. I have not been studying English. Have you been studying English?	I will have been studying English. I will not have been studying English. Will you have been studying English?
수동태 English had been being studied by me.	English has been being studied by me.	English will have been being studied by me.

※ 현재형 문장 I study English. 이 주어지면 나머지 시제 11개의 문장을 소리 내서 외우고 각 시제의 문장의 긍정문, 부정문을 만들어서 소리 내서 외우고 각 시제의 문장을 수동태로 만들어서 소리내서 외운다.

3x4x3x2 = 72의 구구단이 발생한다.

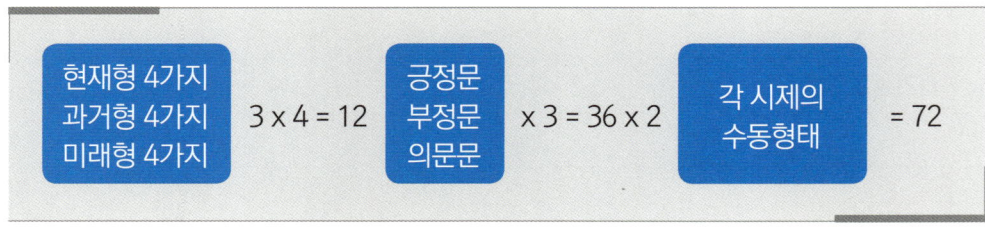

목적어가 있는 일반동사 구구단 연습하기

	과거형	현재형	미래형
긍정문		I study English.	
부정문			
의문문			
수동태			
	과거진행형	현재진행형	미래진행형
긍정문			
부정문			
의문문			
수동태			
	과거완료형	현재완료형	미래완료형
긍정문			
부정문			
의문문			
수동태			
	과거완료진행형	현재완료진행형	미래완료진행형
긍정문			
부정문			
의문문			
수동태			

① 현재형 문장 I study English. 이 주어지면 입으로 소리 내서 12가지 시제를 소리내서 외운다.
② 12가지 시제의 문장의 부정문, 의문문을 소리 내서 입으로 연습한다.
③ 36가지 문장의 수동태를 입으로 소리 내서 연습한다.
④ 주어 I를 you, he, she, they 로 바꿔서 연습해본다.

I have a date. (수동태 문장은 적합하지 않다.)

	과거형	현재형	미래형
긍정문	I had a date.	I have a date.	I will have a date.
부정문			
의문문			
	과거진행형	**현재진행형**	**미래진행형**
긍정문	I was having a date.	I am having a date.	I will be having a date.
부정문			
의문문			
	과거완료형	**현재완료형**	**미래완료형**
긍정문	I had had a date.	I have had a date.	I will have had a date.
부정문			
의문문			
	과거완료진행형	**현재완료진행형**	**미래완료진행형**
긍정문	I had been having a date.	I have been having a date.	I will have been having a date.
부정문			
의문문			

※ 의문문 연습은 주어 I를 You로 바꿔서 연습해 보고, 주어를 He, She, They로 바꿔서 연습해 본다.

She has a date.

	과거형	현재형	미래형
긍정문		She has a date.	
부정문			
의문문			
	과거진행형	현재진행형	미래진행형
긍정문			
부정문			
의문문			
	과거완료형	현재완료형	미래완료형
긍정문			
부정문			
의문문			
	과거완료진행형	현재완료진행형	미래완료진행형
긍정문			
부정문			
의문문			

위의 칸에서 현재형 She has a date의 문장이 주어지면, 입으로 소리 내서 나머지 11가지 시제의 문장을 만들어서 외우고, 12가지 시제의 부정문, 의문문도 만들어서 입으로 외운다.

★Chapter 8

8
Be동사의 시제 활용법

8. Be 동사의 시제 활용법

be 동사가 있는 문장에서는 목적어가 없기 때문에 수동형 문장이 만들어 질 수가 없다.
be 동사의 역할 ① 보어가 있는 문장에서 특별한 뜻이 없게 사용하기 위하여(I am a boy.)
② 진행형 문장에 사용하기 위하여 (현재, 과거, 미래 진행형 현재, 과거, 미래완료 진행형)
③ 수동태 문장에 사용하기 위하여 (be 동사 + p.p)

	과거형	현재형	미래형
긍정문	I was polite.	I am polite.	I will be polite.
부정문	I was not polite.	I am not polite.	I will not be polite.
의문문	Were you polite?	Are you polite?	Will you be polite?
	과거진행형 형태	현재진행형 형태	미래진행형 형태
긍정문	I was being polite.	I am being polite.	I will be being polite.
부정문	I was not being polite.	I am not being polite.	I will not be being polite.
의문문	Were you being polite?	Are you being polite?	Will you be being polite?
	과거완료형	현재완료형	미래완료형
긍정문	I had been polite.	I have been polite.	I will have been polite. (×)
부정문	I had not been polite.	I have not been polite.	I will not have been polite. (×)
의문문	Had you been polite?	Have you been polite?	Have you been polite?(×)
	(형태만 진행형)	(형태만 진행형)	(형태만 진행형)
긍정문	I had been being polite.	I have been being polite.	I will have been being polite. (×)
부정문	I had not been being polite.	I have not been being polite.	I will not have been being polite. (x)
의문문	Had you been being polite?	Have you been being polite?	Will you have been being polite? (x)

* 현재형 문장 I am polite 가 주어지면 소리내서 입으로 나머지 11가지 시제의 문장을 만들고
각 시제의 문장에 대한 부정문, 의문문을 만들어 소리새서 외워야 한다.
목적어가 없는 be 동사의
This book is being published in June.(이 책은 6월 이내로 출간될 예정이다.)
This book will be being published in June.
(위에서 is being published는 형태는 현재 진행형의 수동태 형태이지만 아니고 미래를 나타내는 방법이다.)

다시 말하면 밑에 쓰여진 미래진행형 형태로 미래를 나타내는 시제이다.

cf) You were being considerate of your granddaughter's feelings.

* 진행형 문장은 해석이 달라진다. is being published
  I am being polite. (나는 예의 바르게 할려고 한다.)
  I was being polite. (나는 예의 바르게 할려고 했었다.)
  I have been being polite. (나는 예의 바르게 할려고 전부터 지금까지 노력해 왔다.)
  I had been being polite. (나는 예의 바르게 할려고 전부터 노력 하였던 적이 있다.) *~하고 있는 중이라고 해석하면 안 된다.
  위의 4문장은 형태만 진행형 문장이지 실제로 진행형 문장이 아니고 해석도 달라진다.
  be동사 문장에서는 진행형이 있을 수 없다. 여기에서 being은 동명사 역할을 한다.

be 동사 사용한 문장 연습하기

	과거형	현재형	미래형
긍정문		I am polite.	
부정문			
의문문			
긍정문			
부정문			
의문문			
긍정문			
부정문			
의문문			
긍정문			
부정문			
의문문			

* 현재형 문장 I am polite 가 주어지면 소리내서 입으로 나머지 11가지 시제의 문장을 소리 내서 입으로 만들어 보고 각 시제에 대한 부정문, 의문문도 소리내서 만들어서 be동사의 구구단을 입으로 외워야 한다.

cf) be동사 다음에 to 부정사는 올 수 있고 동명사도 올 수 있다.

　　　　　　　　　　　　　　　　　　(수동태)
부정사　He is to do his homework. → H·w is to be done by him.
　　　　He was to do his homework. → H·w was to be done by him.
　　　　(He has been to do his H·w)　　Your H·w is to do.
　　　　(He had been to do his H·w)　　(= Your H·w is to be done.)
　　　　She was to be loved by him.
　　　　She is to be loved by him. (She is to love by him.)

동명사　He is being sick. He was being sick.
　　　　He has been being sick. He had been being sick.

주어 I

I was sick.	I am sick.	I will sick.
I was not sick. Were you sick? (I was being sick.)	I am not sick. Are you sick? (I am being sick.)	I will not be sick. Will you be sick? (I will be being sick.)
I, you, he, she, they		
I had been sick.	I have been sick.	I will have been sick. (×)
I had not been sick. Had you been sick?	I have not been sick. Have you been sick.	I will not have been sick. (×) Will you have been sick? (×)

주어 You

You were sick.	You are sick.	You will be sick.
You were not sick. (You weren't sick.) Were you sick? You were being sick.	You are not sick. (You aren't sick.) Are you sick? You are being sick.	You will not be sick. (You won't be sick.) Will you be sick? You will be being sick.
You had been sick.	You have been sick.	You will have been sick. (×)
You had not been sick. (hadn't) Had you been sick?	You have not been sick. (haven't) Have you been sick?	You will not have been sick. (×) (won't) Will you have been sick? (×)

He is polite. (수동태 문장은 안된다.)
He can be polite.
He may be polite.
He should be polite.

He cannot have been polite.
He must have been polite.
He should have been polite.
He could have been polite.
He would have been polite.

주어 She

She was sick.	She is sick.	She will be sick.
(She was being sick.) She was not sick. Was she sick?	(She is being sick.) She is not sick. Is she sick?	(She will be being sick.) She will not be sick. Will she be sick?
She had been sick. She had not sick. Had she been sick?	She has been sick. She has not been sick. (hasn't) Has she been sick?	She will have been sick. (×) She will not have been sick. (×) Will she have been sick? (×)

주어 He

He was sick.	He is sick.	He will be sick.
(He was being sick.) He was not sick. Was he sick?	(He is being sick.) He is not sick. Is he sick?	(He will be being sick.) (He wasn't be sick.) He will not be sick. Will he be sick?
He had been sick. He had not sick. Had he been sick?	He has been sick. He has not been sick. (hasn't) Has he been sick?	He will have been sick. (×) He will not have been sick. (×) Will he have been sick? (×)

주어 They

They were sick.	They are sick.	They will be sick.
They were not sick. Were they sick?	They are not sick. Are they sick?	They will not be sick. Will they be sick?
They had been sick.	They have been sick.	They will have been sick. (×)
They had not been sick. Had they been sick?	They have not been sick. Have they been sick?	They will not have been sick. (×) Will they have been sick? (×)

주어별로 소리내어 연습하기

(주어 I)

	과거형	현재형	미래형
긍정문		I am sick.	
부정문			
의문문			
	과거완료형	현재완료형	미래완료형
긍정문			
부정문			
의문문			

(주어 You)

	과거형	현재형	미래형
긍정문		You are sick.	
부정문			
의문문			
	과거완료형	현재완료형	미래완료형
긍정문			
부정문			
의문문			

(주어 He)

	과거형	현재형	미래형
긍정문		He is sick.	
부정문			
의문문			

	과거완료형	현재완료형	미래완료형
긍정문			
부정문			
의문문			

(주어 She)

	과거형	현재형	미래형
긍정문		She is sick.	
부정문			
의문문			

	과거완료형	현재완료형	미래완료형
긍정문			
부정문			
의문문			

(주어 They)

	과거형	현재형	미래형
긍정문		They are sick.	
부정문			
의문문			

	과거완료형	현재완료형	미래완료형
긍정문			
부정문			
의문문			

Memo

★Chapter 9

9
조동사 시제의 활용법
(조동사 구구단 연습)

9. 조동사 구구단(조동사 시제의 활용법)

1) 조동사 can과 be able to + 동사와의 관계

앞에 도표에서 보았듯이 조동사 can이 있는데 왜 be able to + 동사의 용법이 있는 이유는, 조동사 can만으로는 현재완료, 과거완료와 같은 여러가지 시제로 활용할 수 없기 때문이다.

I could do it. I was able to do it.	I can do it. I am able to do it.	I will be able to do it.
I had been able to do it.	I have been able to do it.	I will have been able to do it.

* 각 시제의 부정문, 의문문은 아래 도표를 참고하고, 주어를 You, He, She, We, They로 바꿔서 외울때까지 입으로 연습한다. 주어에 따라 are able to do, were able to do, has been able to로 바뀔수 있다.

I can do it

	과거형	현재형	미래형
긍정문	I was able to do it	I can do it. (I am able to do it.)	I will be able to do it.
부정문	I wasn't able to do it. (I was unable to do it.)	I can not do it. (I am unable to do it.)	I will not be able to do it. (won't)
의문문	Were you able to do it?	Can you do it? (Are you able to do it?)	Will you be able to do it?
	과거완료형	현재완료형	미래완료형
긍정문	I had been able to do it.	I have been able to do it.	I will have been able to do it.
부정문	I hadn't been able to do it.	I haven't been able to do it.	I will not have been able to do it.
의문문	Had you been able to do it?	Have you been able to do it?	Will you have been able to do it?

* can 조동사와 be able to+동사는 같은 의미로 쓰일 수 있다.
  can 은 현재형일 때만 쓰이고 과거나 미래는 was able to, will be able to 로 쓰인다.
  현재완료형, 과거완료형, 미래완료형 일 때도 have(has) been able to, had been able to, will have been able to로 쓰인다.

I can do it

	과거형	현재형	미래형
긍정문		I can do it.	
부정문			
의문문			
	과거완료형	현재완료형	미래완료형
긍정문			
부정문			
의문문			

우선, I can do it.의 문장이 주어지면 나머지 5가지 시제형을 입으로 소리내서 외우고, 다음에는 주어를 you, he, she, they 로 바꿔서 연습한다. 주어가 He, She 일때는 has been able to, (현재완료형) have가 has 로 바뀐다. 부정문과 의문문도 마찬가지다. (I have nothing to be able to do it.)

I can do it 수동태 능동태 연습

	과거형	현재형	미래형
능동태	I could do it.	I can do it	I will be able to do it.
수동태 (긍정)	It could be done by me.	It can be done by me.	It will be able to be done by me.
부정	It couldn't be done by me.	It can not be done by me.	It will not be able to be done by me.
의문	Could it be done by me?	Can it be done by me?	Will it be able to be done by me.
	과거완료형	현재완료형	미래완료형
능동태	I had been able to do it.	I have been able to do it.	I will have been able to do it.
수동태 (긍정)	It had been able to be done by me.	It has been able to be done by me.	It will have been able to be done by me.
부정	It hadn't been able to be done by me.	It hasn't been able to be done by me.	It will not have been able to be done by me.
의문	Had it been able to be done by me?	Has it been able to be done by me?	Will it have been able to be done by me.

	과거형	현재형	미래형
능동태		I can do it	
수동태 (긍정)			
부정			
의문			
	과거완료형	현재완료형	미래완료형
능동태			
수동태 (긍정)			
부정			
의문			

* I can do it. 의 능동태 현재형이 주어지면 각 시제의 수동태로 바꿔서 입에서 외워서 나올 때 까지 연습하고 각 시제 문장의 부정문, 의문문도 입에서 나올 때 까지 연습한다.

2) 조동사 should와 have to + 동사와의 관계

조동사 can과 마찬가지로 should 조동사도 현재 시제 말고는 다른 시제를 나타낼 수 없으므로 have to(has to) 용법이 생겨났다.

I had to do it.	I should do it.	I will have to do it.
I has had to do it.	I have had to do it.	I will have had to do it.

각 시제의 부정문, 의문문은 아래의 도표를 참고하면 된다. 주어에 따라 I, You, He, She, We, They에 따라 has had to 또는 have had to로 바뀐다.
should와 같은 의미의 조동사는 have to, must, ought to, have got to 등이 있다.

I should do it.
I must do it.
I ought to do it.
I have got to do it.
 *(have got to의 용법에 대하여는 나중에 설명하기로 한다.)

  cf) You may have to do it. (may have to, might have to) 용법 익히기

I have to do it.   (I should do it.)
(It should be done by me.)
(It should have been done by me.)

	과거형	현재형	미래형
긍정문	I had to do it.	I have to do it.	I will have to do it.
부정문	I didn't have to do it.	I don't have to do it.(I shouldn't have to do it.)	I will not have to do it.
의문문	Did I have to do it?	Do I have to do it?	Will I have to do it?
	과거완료형	현재완료형	미래완료형
긍정문	I had had to do it.	I have had to do it.	I will have had to do it.
부정문	I hadn't had to to it.	I haven't had to do it.	I will not have had to do it.
의문문	Had I had to do it?	Have I had to do it?	Will I have had to do it?

＊ I should do it. (= I have to do it.)
조동사 should 와 have to 는 같은 뜻이다. 그러나 should의 과거는 had to, 미래는 will have to 로 바꿔서 사용하여 주고, 완료형 문장은 have had to, had had to, will have had to 로 바꿔서 사용해주고, don't have to, didn't have to 로 부정문으로 바뀌면 뜻이 바뀐다. (~할 필요가 없다.)

I have to do it. (I should do it.)

	과거형	현재형	미래형
긍정문		I have to do it	
부정문			
의문문			
	과거완료형	현재완료형	미래완료형
긍정문			
부정문			
의문문			

	과거형	현재형	미래형
긍정문		She has to do it.	
부정문			
의문문			
	과거완료형	현재완료형	미래완료형
긍정문			
부정문			
의문문			

cf) That meeting was supposed to take place on Tuesday, but we have had to postpone it.

3) can 조동사와 should 조동사를 한문장에서 같이 써줄 경우에는 should는 앞에 그냥써주고 be able to로 바꿔줘야 한다.

> I should be able to do it. (긍정문)
>   (can)
> I should not be able to do it. (부정문)
> Should I be able to do it? (의문문)

should 조동사를 have to(has to)로 바꿔서 사용 할 수도 있다.

> I have to be able to do it.
> I don't have to be able to do it.
> Do I have to be able to do it?

주어에 따라 has to, doesn't have to, Does _____ have to - ?로 바뀐다.

4) 미래시제 be going to와 can, have to를 같이 사용할 때의 용법

> I am going to be able to do it.
> I am not going to be able to do it.
> Am I going to be able to do it?

> I was going to be able to do it.
> I was not going to be able to do it.
> Was I going to be able to do it?

> I am going to have to do it.
> I am not going to have to do it.
> Am I going to have to do it?

> I was going to be have to do it.
> I wasn't going to have to do it.
> Was I going to have to do it?

5) be going to 미래시제와 can과 should의 개념을 같이 사용하고자 할 때

> I am going to have to be able to do it.
> I was not going to have to be able to do it.   ＊부정문, 의문문은 각자가 작성해 보길 바란다.

슬기로운 영어 공부 | 149

★Chapter 10

10
문장의 시제가
모든 문법에서 중요한 이유

10. 문장의 시제가 모든 문법에서 중요한 이유

영어공부에 있어서 가장 중요한 것이 영어문장의 시제에 대한 이해와 활용이다. 영어에 있어서 모든 문법은 80%가 동사의 변화에서 발생한다. 모든 동사의 변화, 즉 부정사, 동명사, 분사구문, 수동태, 가정법, 화법은 동사의 변화에서 온다.

영어의 모든 문장은 시제를 갖고 있다. 시제가 있어야 문장이 성립된다, 우리말도 마찬가지지만, 시제를 크게 나누면 현재, 과거, 미래의 3부문으로 나눌 수 있다. 시제를 세분화시키면 현재에서 4가지, 과거에서 4가지, 미래시제에서 4가지 총 12가지 시제로 분류된다.

과거형	현재형	미래형
(단순) 과거형 과거 진행형 과거완료형 과거완료 진행형	(단순) 현재형 현재진행형 현재 완료형 현재 완료 진행형	(단순) 미래형 미래 진행형 미래 완료형 미래 완료 진행형

우리말로 예를 들면 다음과 같다.
① 나는 매일 책을 읽는다.
② 나는 어제 책을 읽었다.
③ 나는 내일 책을 읽을 것이다.
④ 나는 지금 책을 읽고 있는 중이다.
⑤ 나는 어제 책을 읽고 있는 중이었다.
⑥ 나는 내일 책을 읽고 있을 것이다.
⑦ 나는 방금 전에 책을 다 읽었다. (현재시점에서의 완료)
　나는 이 책을 읽은 적이 있다. (현재시점에서의 경험)
　나는 이 책을 3일 전부터 읽어오고 있다. (현재시점에서의 계속)
⑧ 나는 이 책을 왕년에 읽은 적이 있다. (왕년의 경험)
　나는 이 책을 5시간 전에 읽기 시작해서 2시간 전에 끝냈다. (왕년의 완료)
⑨ 나는 이 책을 지금 읽기 시작해서 3시간 후에 다 읽겠다.
　(미래완료는 오로지 완료에만 사용된다.)
⑩ 나는 3시간 전에 책을 읽기 시작해서 지금도 읽고 있는 중이다.
⑪ 나는 5시간 전에 책을 읽기 시작해서 2시간 전에도 읽고 있는 중이었다.
⑫ 나는 지금부터 책을 읽기 시작해서 3시간 후에도 책을 읽고 있을 것이다.

모든 문장이 모두 12가지 시제의 문장을 갖고 있는 것은 아니다.
동사의 종류에는 크게 Be동사, 일반동사, 조동사 3가지의 종류가 있다. 문장에서 동사의 종류, 성격에 따라서 12가지 시제의 문장이 성립될 수도 있고, 6가지 시제의 문장만 성립될 수도 있다. 동사의 종류, 성격에 따라 시제의 종류는 다르게 성립될 수 있다. 나중에 더 자세하게 설명하기로 하자.

문제는 여기에서 시작된다. 우리가 speaking을 할 때, 12가지 시제 중에서 상황에 따라서 맞는 시제의 문장이 머리속에서 생각하지 않고 입에서 튀어 나와야 한다.
이러한 시제의 활용은 speaking 뿐만 아니라 Listening, Reading Comprehension, Writing 모든 분야에 해당된다.

보통 학생들이나 일반인들은 위의 6가지 시제의 활용은 그나마 다 잘 하고 있으나 완료형(현재완료, 과거완료, 미래완료) 시제, 완료진행형(현재완료진행형, 미래완료 진행형, 과거완료 진행형)의 6가지 시제에 대해서는 전혀 활용을 잘 못하고 있는 실정이다.
일반동사는 12가지 시제 형태를 갖는 동사도 있고, 동사의 종류에 따라 6가지 시제만 갖는 동사도 있다. Be동사 문장이나 조동사 포함 문장의 시제도 문장의 성격에 따라 시제의 종류가 제약된다.

시제를 눈으로만 이론상으로만 이해하고 있으면 안 된다. 그러면, Speaking, Listening, Writing에서 즉시 사용할 수가 없다, 예를 들면, 상대방과 Speaking 할 때 시제에 맞는 문장을 사용하여야 하는데 머릿속에서 영작을 해서 입에서 나오려면 시간이 오래 걸리고 또한 상대방이 기다려 주지 않을 뿐 아니라, 머릿속에서 생각하는 영어를 하게 되면 speaking에 대한 자신감도 없고, 외국인만 보면 위축이 된다. 이러한 약점을 타개하기 위해서는 시제에 대한 차이점과 개념을 정확히 이해하고 입으로 구구단 같이 소리 내어서 외워야, speaking 할 때 머릿속에서 생각하지 않고, 제한된 시제만 사용하는 미숙한 영어 회화를 해결할 수 있다.

그래서 시제에 대한 영어의 구구단을 소개하고자 한다.
수학의 구구단처럼, 처음 외울 때는 힘들지만 한 번 외우고 나면, 수학의 구구단처럼 머리 속에서 생각하지 않고 입에서 즉시 튀어 나오는 영어를 할 수 있고, 평생 잊지 않고 사용할 수 있다. 원래 원어민들은 태어나서 생활하면서 수 없이 시제와 부딪치면서, 자연스럽게 시제가 머릿속에서 구구단 같이 기억되어서 활용하지만, 외국인은 생활 습관이나 환경이 너무 다르기 때문에 자연스럽게 시제가 구구단 같이 머리속에 형성되지 않는다. 그래서 수학의 구구단 같이 억지로 외워야 한다, 그렇지 않으면 다른 방법이 없다. 이렇게 하지 않으면 10년 넘게 영어 공부를 해도, 원어민 같이 머릿속에서 생각하지 않고 입에서 튀어 나오는 영어를 할 수가 없다.

영어의 구구단은 12가지 시제의 변화에서 오고 다음에는 모든 시제의 문장은 긍정문, 부정문, 의문문이 있다. 그리고 목적어가 있는 문장은 능동태, 수동태의 문장이 있다.
다시 말하면 12가지 또는 6가지 시제의 문장에 있어서 긍정문, 부정문, 의문문이 머리 속에서 생각하지 않고 입에서 튀어 나와야 한다, 그리고 목적어가 있는 문장의 수동태 문장이 입에서 튀어 나와야 한다.

영어 구구단의 발생 경로를 도표로 나타내면 아래와 같다.

영어 구구단 발생 경로

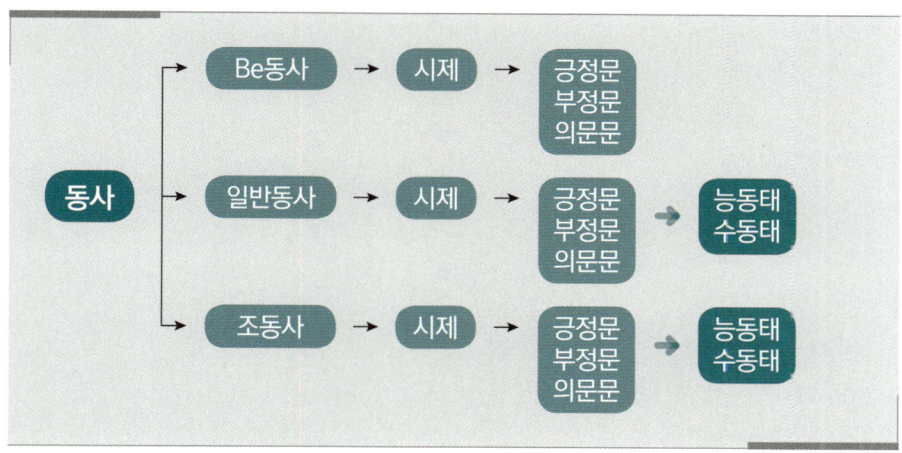

동사에 있어서 Be동사나 일반동사는 현재형, 과거형, 과거완료형 3가지 형태를 가지고 있으며, 조동사는 그렇지 않다.

나중에 자세히 설명하기로 하고, 모든 사람들이 동사의 현재형 과거형 까지는 그나마 잘 활용하고 있으나 동사의 과거분사형 활용은 매우 부족하다고 할 수 있다. 영어에 있어서 과거분사형이 왜 존재하고, 어떻게 활용하는지를 모르면 결코 영어를 잘 할 수 없다. 다음에는 동사의 과거분사형이 어떻게 활용되는지에 대하여 설명하기로 한다.

cf) 영어를 잘하기 위해서는 첫 번째 과거분사형(p.p) past participle 활용을 잘 할 줄 알아야 하고, 두 번째는 영어의 만능동사 (ex: get, take, make, put, keep, work, run, turn, go, come 등)를 잘 활용 할 줄 알아야 한다.

시제가 왜 모든 문법에 필요한지 설명 하겠다

1) 시제가 부정사에 필요한 경우 (Infinitive)

① I want to go there.
② I just pretended to be dead.
③ It needs to be done right now.
④ I am doing what needs to be done.
⑤ I stopped to smoke.
⑥ He tried to have helped my homework.
　　(He tried that he had helped my homework.)
⑦ I intended to see the movie.
　　(I intended to have seen the movie.)
⑧ I wanted my homework to have been helped by teacher.
⑨ He seems to have suffered from Pneumonia.
⑩ That is a strange reality to be faced with.

2) 시제가 동명사에 필요한 경우 (Gerund)

① Making a lot of money is the goal of life.
② I enjoy playing golf.
③ Thank you for your tipping.
④ I am not sure of her being a woman of sincerity.
⑤ I am not sure of her having been a woman of sincerity.
⑥ I have been accused of having taken money from U.S.
⑦ I began reading the book.
⑧ My mind needs healing.
⑨ I couldn't help spending the money.
⑩ I remember meeting him. (I remember to meet him.)
　　　　　(과거)　　　　　　　　(미래)

3) 시제가 분사구문에 필요한 경우 (Participial construction)

① Walking along the street, I met my uncle.
② Turning to the right, you will find the City Hall.
③ The sun having set, we went back home.
④ Having received no answer, I was getting angry.

4) 시제가 가정법에 필요한 경우 (Subjunctive mood)

① If he be honest, I will employ him.
② If he were honest, I would employ him.
③ If it should rain tomorrow, the golf game will be cancelled.
④ If I had studied harder, I could have passed the qualifying exam.
⑤ Had it been available in time, the first U.S bomb would have been used against Germany.
　(If it had been available in time, the first U.S bomb would have been used against Germany.)
⑥ I felt as if I died.
⑦ I felt as if I had died.
⑧ I wish it were true.
⑨ I wish it had been true.
⑩ I wish that I had met you earlier.
⑪ What would have happened if Trump had gotten away with the attempted coup.
　(What if Trump had gotten away with the attempted coup on Jan. 6?)

5) 시제가 수동태에 필요한 경우 (Passive voice, active voice)

① An apple is eaten by me.
② An apple was eaten by me.
③ An apple will be eaten by me.
④ An apple is being eaten by me.
⑤ An apple was being eaten by me.
⑥ An apple will be being eaten by me.
⑦ A book has been read by me.
⑧ A book had been read by me.
⑨ A book will have been read by me.

6) 시제가 화법에 필요한 경우 (Narrative mood)

① He promised, "I will do if I can."
② He promised that he would do if he could.
③ He said to me, "I have received this letter."
④ He told me that he had received that letter.
⑤ He said to me, "What do you do?"
⑥ He told me what I did.

7) 시제가 관계부사에 필요한 경우(부사+접속사 역할) (Relative adverb)

① He sold the house where he had lived for 7 years.
② The day when I moved in was cloudy.
③ I don't know the reason why he has been so angry.
④ Do you know the way how I have reached the subway station?

8) 시제가 관계대명사에 필요한 경우 (Passive pronoun)

① I go to school which is located in Busan.
② This is an apple that I ate yesterday.
③ The man who is teaching English is my father.
④ The man whose parents passed away is visiting a temple.
⑤ I have respected a teacher whom I thought to be honest.
⑥ My daughter married a Korean young man whom she had met while studying in China.

9) 시제가 접속사에 필요한 경우 (Conjunction)

① He is ugly, but she is beautiful.
② It may be an apple or perch.
③ He studied very hard, so he passed the exam.
④ I haven't decided yet whether I should stop by the office or not.
⑤ He got up so late that he could not arrived at the station in time.
⑥ I will buy a car for you so long as you study hard.

한국인이 유의할 발음

① P 와 F: p는 파열음이라 아랫 입술과 윗 입술을 벌려 주면서 발음한다.
"프"발음에 가깝다.
f 발음은 윗니로 아랫 입술을 닿으면서 "흐"발음에 가깝다.
(pine 과 fine 발음비교)

② B 와 P: 한국 사람이 혼동하기 쉬운 발음이다. b발음을 너무 세게 발음하면 p발음으로 들린다.
b발음은 파열음이 아니므로 가볍게 발음해야 한다.
(baby와 paper 발음비교)
back to school 에서 "백투스쿨" 이지 "빽투스쿨"로 발음하견
미국 사람은 pack to school로 알아듣는다.

③ V와 B: v발음은 윗니로 아랫 입술을 누르면서 발음하고 b발음은 윗입술과 아랫 입술을 벌리면서 발음한다.
(berry와 very 발음비교)

④ R과 L: R발음은 혀를 안으로 말아 주면서 발음하고 L발음은 혀를 입천장으로 앞으로 내밀면서 발음한다.
read(우리말 발음으로는 뤠드로 발음된다.)
lead(우리말 발음으로는 리드로 발음된다.)
play(플레이) pray(프뤠이)

시제의 구구단 외우는데 도움되는 발음연습

I read a book. (아이 뤠드 어 북)	I read a book. (아이 뤼드 어 북)	I'll read a book (아일 뤼드 어 북)
I didn't read a book. (I did not read a book.) (아이 디든 뤼드 어 북)	I don't read a book. (I do not read a book.) (아이 돈 뤼드 어 북)	I won't read a book. (I will not read a book.) (아이 워운 뤼드 어 북)
Did you read a book? (디쥬 뤼드 어 북)	Do you read a book? (두유 뤼드 어 북)	Will you read a book? (윌 유 뤼드 어 북)
(I was not reading a book.) I wasn't reading a book. (아 워슨 뤼딩 어 북)	(I am not reading a book.) I'm not reading a book. (아임 낱 뤼딩 어 북)	(I will be reading a book.) I'll be reading a book. (아일 비 뤼딩 어 북)
I had read a book. (아이 해드 뤠드 어 북) I'd read a book.	I have read a book. (아이 해브 뤠드 어 북) I've read a book.	I will read a book. (아이 윌 해브 뤠드 어 북) I'll have read a book.
(아이드 뤠드 어 북) I hadn't read a book. (아이 해든 뤠드 어 북) Had you read a book? (해듀 뤠드 어 북)	(아이브 뤠드 어 북) I haven' read a book. (아 해븐 뤠드 어 북) Have you read a book? (해뷰 뤠드 어 북)	(아일 해브 뤠드 어 북) I won't have read a book. (아이 워운 해브 뤠드 어 북) Will you have read a book? (윌유 해브 뤠드 어 북)

※ 한국 사람이 발음에 주의 하여야 할 단어 예
  veranda   (베렌다 → 버랜더)
  margarine   (마가린 → 마져린)
  mayonnaise   (마이오네즈 → 메이오네즈)
  camera   (카메라 → 캐머러)
  banana   (바나나 → 버내너)
  Maddona   (마돈나 → 매다나)
  Macdonald   (맥도날드 → 맥다날)
  Yogurt   (요구르트 → 요거트)

※ ever와 even 용법을 아는 것도 매우 중요하다.
  Even now, I can't figure it out. (위 문장에서 even의 의미는?) (지금 까지도)
  You are the smartest boy I have ever met. (위 문장에서 ever의 의미는?) (지금까지 만난 사람중에)
  Have you ever seen her? (위 문장에서 ever의 의미는?) (혹시) 한번이라도

만능 동사 (omnipotent verb) : get, take, make, come, go, put, hold, meet, work, run, keep, hear 활용이 매우 중요하다.

Memo

부록1) 만능 동사 활용법
(서언)

만능동사 활용법

1) 서언

우리가 영어공부를 하면서, 동사중에 get이나 make, take, put, hold, keep, come과 같은 기초적이면서도 사용 빈도가 매우 많은 동사를 접하게 된다.

그러나 문제는 이러한 기초적인 동사가 우리가 생각할 때는 쉬운 동사로 생각하는데 그렇지 않다. 활용 면에서 제일 어려운 동사라고 할 수 있다. 이러한 동사들은 여러 가지의 뜻으로 사용되고 있다. 자체로도 여러 의미를 나타내지만, 뒤에 여러 종류의 전치사를 동반하여 무수히 많은 의미를 나타낸다. 따라서 필자는 이러한 동사들을 만능동사라고 부른다. 이러한 만능동사들이 뒤에 전치사를 동반하여 매우 많은 의미를 나타낸다.

그리고 여러가지 동어 부문의 시제를 활용하여 다양한 문장표현과 문장의 뜻에 부합되는 만능동사로 활용되고 있다. 필자가 예를 든 문장으로 이러한 기초적인 만능 동사의 의미와 다른 전치사와 결합하여 여러 가지의 의미를 나타내는 방법을 익혀서 Speaking, Listening, Writing, Reading Comprehension에 이용하기 바란다. 많은 사람들이 이러한 만능동사 활용을 잘 못하기 때문에 Speaking이나 Writing할 때 쓸데없이 어려운 단어를 생각하는 경향이 있다.

이러한 이유가 회화나 듣기, 쓰기 등에 매우 많은 지장을 주고 있다. 이러한 만능동사를 전치사와 부합하여 사용하는 방법을 숙달시키고 여러 가지 시제(현재, 과거, 과거완료, 미래, 과거진행형, 현재완료형)의 형태로 사용하는 방법을 익히면, 균형잡힌 영어,

즉 Speaking, Listening, Writing, Reading Comprehension에 매우 큰 도움이 되리라 저자는 확신한다.

1. get

① Get to the point.
② It's getting worse.
③ I'm getting sick.
④ Don't get bored.
⑤ I'll get it. (I got it. I have got it)
⑥ Try to get it done.
⑦ I got up early this morning.
⑧ Don't get me wrong. (Don't let me be misunderstood.)
⑨ To get along with him is not easy.
⑩ He is trying to get into room.
⑪ I don't want to get involved in that affairs.
⑫ Don't get mad.
⑬ I'm getting tired. (I'm getting tired of mannerism.)
⑭ What did you get for Christmas?
⑮ What did you get paid?
⑯ We need to get help quickly.
⑰ Run up stairs and get a pillow.
⑱ Did you get a good price for it?
⑲ I get the impression that was fed up with us.
　You don't get enough exercise.
⑳ I want to get rid of these wastes.
㉑ I have still got a little time before I turn into a teenager.
㉒ We got into a pretty heated debate.
㉓ I knew it was the time to get serious.
㉔ All of a sudden, I got an idea in my head.
㉕ Go get my coat out of the car.
㉖ I guess he seemed a little disappointed, but he get over it pretty quickly.
㉗ Has anything gotten better?
㉘ I got away with it.
㉙ What if Donald Trump got away with the attempted coup on Jan. 6?
㉚ What would have happened if Donald Trump had gotten away with the attempted coup on Jan. 6?
㉛ I have gotten carried away. (I have been excited.)
㉜ Get on the bus, get off the bus.
㉝ I was worried I might get food poisoning.
㉞ I got 90% in my last math tests.
㉟ He get ten years in prison for his part in the robbery.
㊱ We didn't get home until midnight.

㊲ I have got as far as Ch.5.
㊳ They shouted at us to get back.
㊴ You might get hurt if you stand there.
㊵ I don' t get it. It doesn' t make sense.
㊶ Shall I get you a sandwich?
㊷ I got you that time.
(trick)
㊸ Mom and Dad are getting divorced.
㊹ Get ready to go.
㊺ How does this gap get fixed?
㊻ You got fired. You got hired. (You were fired. You were hired.)
㊼ I need to get out of bed for real.
㊽ Don' t get caught in someone else' s trap.
㊾ America has gotten more loutish.
㊿ It doesn' t matter who you are. You' ve got time for lunch.
(51) I wanted to get my ears pierced.
(52) Losing weight and getting in shape can be simple.
(53) You have got to understand me.
(54) If I get in trouble, he would take care of me.
(55) I have decided to get engaged.
(56) Go get something to drink for me.
(57) Hasn't China got the message about its currency by now?

2. take

① It will take a long time. (How long is going to take?)
② Take it easy. (Take your time. Calm down.)
③ I want to take you out for dinner.
④ Did you take a mid-term exam?
⑤ I want to take a shower.
⑥ Don' t take it for granted!
⑦ Take off your sweater.
⑧ I' ll take care of you.
⑨ Give and take.
⑩ Take my words for it.
⑪ You take after me.
⑫ Take notes of it.
⑬ Can I take your order?
cf. (May I make an order?)

⑭ Would you like to take a look?
⑮ Can I take a quick look?
⑯ I just wanted to take him in my arms.
⑰ Let's take a cab.
⑱ Are you taking French next year?
⑲ I want to take out hamburger.
⑳ I will now take your questions.
㉑ Take four from nine and what do you get?
㉒ The elevator takes a minimum of 32 people.
㉓ I was joking, but he took me seriously.
㉔ You should take pride in your work.
㉕ Youngsters need to take control of their own lives.
㉖ Take two tablets before bedtime.
㉗ Take the patient's pulse first.
㉘ Take a minimalist position, regardless of what anyone else says or does.
㉙ It must be taken advantage of.
㉚ Take advantage of all the opportunities as far as possible.
㉛ I am taking care of the cancer patient.
㉜ I don't want to take charge of that kind of affairs.
㉝ As he is very young, you should take into account for his behavior.
㉞ The airplane is going to take off in 10 minutes.
㉟ She took over the small store from previous owner.
㊱ Do you want to take part in soccer game?
㊲ I always take part with my wife.
㊳ The earthquake had taken place in Indonesia in 1980.
㊴ Beer has taken the place of water.
㊵ The golf game is supposed to take turns each other.
㊶ I took up economics at the university.
㊷ My new habit is that I take a nap every day after school.

3. make

① She make her own wedding dress.
② The company has been making quality furniture for over 200 years.
③ Anyone can make mistakes.
④ I can't make a decision just yet.
⑤ She was making breakfast in the kitchen.
⑥ The photo makes her look older than she really is.
⑦ My parents always make me do my homework before I go out.

⑧ The cup has made a mark on the table.
　(오래 걸려서 마크가 생겼다.)(그래서 현재완료 사용)
⑨ I don't think we will make deadline.
⑩ My aim in life was to make money.
⑪ I am sure you will make a very good teacher.
⑫ Two and two make four.
⑬ I make that $150 altogether.
⑭ I had made 92 by lunchtime.
⑮ I don't think we are going to make the town before nightfall.
⑯ That hat makes the outfit.
　(perfect)
⑰ You have to make both ends meet.
⑱ It will make you lose your face.
⑲ Bread is made from flour.
⑳ I realize that America and the West understood that they had made a mistake.
㉑ I make sure I have covered as many eventualities as I can.
㉒ What do you make of this logic?
㉓ I haven't really made any progress.
㉔ Make adjustments to your plans in order to suit everyone involved.
㉕ Over the course of friendship, even the best people make mistakes.
㉖ Ahalytical results make it highly unlikely that the material is of meteoric origin.
㉗ There is an emerging collision between.
㉘ What makes economic sense and what makes political sense.
㉙ Have you interviewed anyone who made you nervous.
㉚ It wouldn't make a bit of differences.
㉛ I am refusing to make concessions to you.
㉜ I think she has been made into a scapegoat for the media.
㉝ Dont't make a fool of me.
㉞ I have made a fortune by selling the real estate.
㉟ To make a long story short, I will turn down your proposal.
㊱ He makes little account of his pocket money.
㊲ You must make allowances for your arrogance.
㊳ You have made amends to him for contribution.
　Dont't make believe not to be died.
㊴ Don't make fun of me any more.
㊵ Make haste not to be late at meeting.
㊶ I couldn't make myself at home in front of stranger.
㊷ I have made my way through hard work.
㊸ He makes no account of his father's saying.

㊹ He made much of his wife's wisdom
㊺ I made over my property to my son.
㊻ The youth should make room for the old man.
㊼ Your saying doesn't make sense at all.
㊽ Make the most of your given time, and you will succeed on your life.
㊾ You had better make up with friend after fighting.
㊿ In order to make up for the lost money, you should work harder than before.
㉑ I have finally made up my mind to quit smoking.
㉒ I will make use of my power to the poor.
㉓ To be honest with you, I don't think teachers should be making us memorize all this stuff.
㉔ I know I was going to have to say something pretty smooth to make up for it.

4. work

① He works for a law firm.
② He will have to get used to a new way of working.
③ He has worked among some of the world's poorest people.
④ We are working together to develop a new system.
⑤ He worked tirelessly for the charity throughout his life.
⑥ You should check that the smoke alarm is working slowly.
⑦ The recipe works just as well if you use magarine instead of butter.
⑧ The arrangement works well for everyone involved.
⑨ The color combination just doesn't work for me.
⑩ Slowly he worked the screw driver into the crack.
⑪ Swimming is a form of exercise that works every muscle in your body.
⑫ She was trembling and her mouth was working.
⑬ She really knew how to work a crowd.
⑭ If your mind or brain is working, you are thinking or trying to solve a problem.
⑮ We should try and work it so that we can all go together.
⑯ The immune system works best when you are asleep.
⑰ It is better to work with nature rather than against it.
⑱ UN negotiators have worked out a set of compromise proposal.
⑲ We'll have to work out how much food we'll need for the party.
⑳ The scheme is very complicated – it will take you a while to work it out.
㉑ Your sickness will be working out sooner.
㉒ Financial problems have worked out since 2012.
㉓ He works out in his gym to his body strong.
㉔ We have to work on improving our social status.
㉕ I have spent the last two years working on writing a book about English.

㉖ It's not just work that makes them cut down on sleep but also their life style.

5. put

① He put the coffee on the table.
② Don't put yourself into situation you can't handle.
③ A knee injury put him out of action for three months.
④ He put his signature to the contract.
⑤ It is hard to put into words how I feel now.
⑥ He put the proposal to his wife.
⑦ Put it back there.
⑧ Let me put it this way.
⑨ Put yourself into others.
⑩ Compromise, and you can put this matter to rest you haven't put to use your talent.
⑪ Don't put so much emphasis on what others do.
⑫ Don't put off until tomorrow what you can do today.
⑬ I can put through my plan with his help.
⑭ The president has put out the order that should increase our humint over the next five years.
⑮ Once you take a machine apart, you should be able to put it together.
⑯ We have put up at the condo during summer vacation.
⑰ I couldn't put up with his arrogant behavior.
　 I don't know if I put it that way.
⑱ I am sure someone just borrowed it and forgot to put it back.
⑲ At least, I put some thinking into my practical jokes.
⑳ I put them up on the refrigerator.

6. come

① Let me know when they come.
② What time will you be coming?
③ I asked her if she would like to come with us.
④ It should be good fun, why don't you come along?
⑤ Will you be coming by train?
⑥ A letter came for you this morning.
⑦ The phone bill hasn't come yet.
⑧ The most exciting part is yet to come.
⑨ The time will come when you will thank me for this.
⑩ The water came up as far as my chest.
⑪ The computer comes with software and games.

⑫ Dont't worry, it will come right in the end.
　(come은 때로 go의 뜻으로 쓰이지만 go는 come의 뜻으로 쓰이지 않는다.)
⑬ Use your imagination to come up with some interesting ways to make extra money.
⑭ Wisdom will come through experience.
⑮ I have come to know well about it.
⑯ Has the fame that came with the Nobel helped you in Iran?
⑰ This faith was confirmed when I came to Decartes Maxim, " I think, therefore I am."
⑱ Some day my dream will come true.
⑲ Spring has come.
⑳ Walking along the street, I came across a friend of mine.
㉑ Without making an effort, we cannot come by anything.
㉒ Come see me today.
㉓ Come to think of it, he did seem a little bit depressed by losing some money.
㉔ Come to think of it, it was my fault not your fault.
㉕ You should come up to my expectation, or I would be disappointed.
㉖ We always come in contact with the new material that can be developed in the future.
㉗ They came over to where I was.

7. go

① Let's go home.
② I'm going round to her house to find out what is wrong.
③ I first went to rock concert when I was 15.
④ What time does the last train go?
⑤ I need to go shopping this afternoon.
⑥ The crowd was going wild with excitement.
⑦ The belt will not go around my waist.
⑧ The party went well.
⑨ How is it going?
⑩ The books go on the top shelf.
⑪ I don't think all that will go in the suitcase.
⑫ All my letters went unanswered.
⑬ Complaints must go through the proper channels.
⑭ I couldn't get the pump going.
⑮ The balloon suddenly went bang.
⑯ The story goes that my grandfather saved his captain's life.
⑰ Has your headache gone yet?
⑱ My eyesight is starting to go.
⑲ I think we could probably go $200.

⑳ Half her salary goes on the rent.
㉑ He has gone about three days without eating chocolate.
㉒ Gone with the wind.
㉓ We go beyond debating the state of the environment.
㉔ The employees had also gone.
㉕ You go for the brownie.
㉖ How high they go depends on geopolitics and market psychology.
㉗ What are you going to start Twittering?
㉘ I was going to say about it.
㉙ I would go on a hunger strike.
㉚ The light is gone out from your life.
㉛ Go ahead, I don't need to wait for it.
㉜ Let's go for a walk while you are staying here.
㉝ All my effort has gone for nothing.
㉞ I have been going on in bad habits.
㉟ I want to go over this lesson before class.
㊱ My application for university has gone through.
㊲ It goes without saying that you will pass the exam.
㊳ Go get it.
㊴ Go fetch us some slushes.
㊵ Go for it.
㊶ When I came back to the table, all my food was gone.

8. keep

① Keep him out of trouble.
② You won't be able to keep secret forever.
③ The police put up barriers to keep the crowds back.
④ She pretended not to hear, and kept on walking.
⑤ I keep telling you, but you won't listen.
⑥ You can keep it, I don't need it anymore.
⑦ We decided to keep our old car instead of selling it.
⑧ Where do you keep your tea bags?
⑨ He was kept in prison for a week without charge.
⑩ He should be here by now. What's keeping him?
⑪ How do I know you will keep your word?
⑫ Eat the salmon because it won't keep till tomorrow.
⑬ Will you keep a seat for me?
⑭ Keep the change.

⑮ Sorry to keep you waiting. I got stuck in a meeting.
⑯ He did not earn enough to keep a wife and children.
⑰ His only thought was to keep the child from harm.
⑱ The changes you make personally should be kept a secret.
⑲ Keep out of reach of the children.
⑳ Car accident kept me from going to school.
㉑ I will probably keep me busy for the rest of life.
㉒ Mother nature seems to be keeping an open mind.
㉓ Keep the children away from toxic medicine.
㉔ You are very intelligent, so I can't keep up with you.
㉕ I want to keep accompany with foreigners.
㉖ Let's keep in touch with me for a while.
㉗ Keep going on your work.
㉘ Keep on running.
㉙ Once you promise me, you should try to keep your words.
㉚ He was the moderator, and he more or less keep an eye on me.

9. turn

① She turned her head in surprise.
② He turned around to look at me.
③ You may turn over your exam papers now.
④ The road turns sharply at the top of the hill.
⑤ She gently turned the handle of the bedroom door.
⑥ The sun had turned the sky a glowing pink.
⑦ How can you turn your back on your own mother?
⑧ Turn the sweater inside out before you wash it.
⑨ Turn the dough out onto a lightly floured board.
⑩ He turned the game by scoring twice.
⑪ Years later it turns out to be true.
⑫ They can only turn into another source of unhappiness, for the happiness they bring is always fleeting.
⑬ You will realize how you can turn something mediocre into something fantastic.
⑭ We must derive our theory of education from our philosophy of life. The problem turns out to be a religious problem.
⑮ Samsung Electronic Company turns around from deficit of 20 billion to profit 30 billion won.
⑯ This road is very dangerous, so we should turn back.
⑰ My proposal for doing this project was turned down by the committee.
⑱ Turn in your homework until the day after tomorrow.

⑲ Have you turned in your homework?
⑳ As usual, everything turned on how much money was available.
㉑ The answer for problem has turned out to be true.
㉒ After retirement, I am going to turn over my shop to my son.
㉓ Turn to the page 165, in which you could find title of "Exploitation Age."
㉔ The police investigation has not turned up any clue point for criminals.
㉕ Whether you go to school or not, it turns upon on your will.
㉖ Turn on the light.
㉗ Lot of consumers are turned away from using credit cards.
㉘ Turn your back of hands over.
㉙ Turn your book upside down.

10. run

① I ran down the stairs as far as I could.
② He has said that she will consider running in 3,000 meters.
③ Many people don't care who runs the country.
④ The buses don't run on sundays.
⑤ The software will run on any PC.
⑥ She got out of the car and left the engine running.
⑦ The company is running a series of advertisements in national newspapers.
⑧ The truck ran out of control and hit a house.
⑨ He is running for a second term as president.
⑩ Run the scanner over the bar codes.
⑪ Tears started to run down her cheeks.
⑫ The contract runs for a year.
⑬ Inflation was running at 5%.
⑭ The same thought kept running through the mind.
⑮ I ran across a friend of mine on my way home.
⑯ I ran across a letter while I was cleaning the cupboard.
⑰ The police ran after the robbery calling to stop.
⑱ It is going to be raining, I'd better run along.
⑲ The children were running around the garden.
⑳ His wife ran away with her ex-husband.
㉑ My daughter was run down by a bus.
㉒ I ran into him accidently on the street.
㉓ I can lend some money if you run out.
㉔ If you run out of money, you would give up the project.
㉕ The contract will be run out in September, 2014.

㉖ The father ran out on his son when his son was very sick.
㉗ He was run over and killed by a bus.
㉘ In the past, when our nose was running, it was due to the lack of nutrition.
㉙ The cost of repairing my shoes could run to 1000won.
㉚ I'm really running out of options.
㉛ I have found a good spot in front of yard to start digging, but I ran into a problem right away.

11. Hold

① in your hands / arms

   (Could you hold my bag for me?)

   (Hold the picture up so we can see it.)

② event

   (A thanksgiving ceremony was held to mark the occasion.)

   (In April, the president held talks with Chinese leaders.)

③ Keep something in position (Remember to hold your head up and keep your back straight.)

④ job / title (Do you really think he is capable of holding such a responsible position?)

⑤ keep / store

   (Further copies of the book are held in the library.)

⑥ keep something available for somebody

   (We can hold the reservation for you until next Friday.)

⑦ keep somebody somewhere (Police are holding two men in connection with the robbery.)

⑧ opinion

   (Experts hold varying opinions as to the causes of the disease.)

⑨ own something (He holds share in Hyundai.)

⑩ contain a particular amount

   (The tank should hold enough to last us a few days.)

⑪ Support (The bridge didn't look as though it would hold.)

⑫ Not change (Does your invitation still hold?)

⑬ stop / delay (Hold it! We are not quite ready.)

⑭ telephone

   (He is busy at the moment-Would you like to hold?)

⑮ An overtly aggressive conversation will clear up concerns

   that have been bothering you and holding you back.

⑯ Meet the scientist who believes that technology is developing

   so quickly, We'll be able to hold off death for even longer.

⑰ Hold on a second.

⑱ She held the same attitude toward Koreans as many

   Japanese: A completely groundless prejudice that pictured Korean as inferior and backward.

⑲ This contract has held good since 1980.
⑳ He held on to my hand tightly.
㉑ How long have you held out against the war?
㉒ If you don't obey my order, I will hold up your rights.
㉓ I still hold that against you, because you have done damage on me.
㉔ The Korean economy was being held back by excessive government intervention.
㉕ We have tried to hold down the consumers price.
㉖ I am supposed to hold forth on the bad cycle od the Korean economy.
㉗ I have held off my decision until next Monday.
　　　　(delay)
㉘ Can you hold on? I'll transfer this call to him.
㉙ I will hold out against bad weather.
　　　　(endure)
㉚ The homework was held over for the mid-term exam.
㉛ I am wondering if our friendship would be held together.
㉜ Since Iarrived here late, Iwas held up to get on the train.
㉝ It is in the way you hold me.
㉞ A couple of pieces of yarn held together by raisins and boogers.
㉟ As soon as the music started up, she reached out to hold hands with me.

12. Bear

① deal with something
　(She was afraid she would't be able to bear the pain.)
　(The humiliation was more than he could bear.)
② accept / be responsible for
　(Each company will bear half the costs of development.)
③ support
　(My leg was painful, and I wasn't sure it would bear my weight.)
④ sign / mark
　(The labels bear a yellow and black symbol.)
⑤ baby
　(She might never be able to bear children.)
⑥ able to be examined / compared
　(The story is well known, but it bears repeating.)
⑦ carry
　(The u.s. constitution states that the the people have a right to bear arms.)
⑧ have feelings
　(It was an accident. I don't bear any grudges.)

⑨ wind / water

   (The sound of music was born along on the wind.)

⑩ name / title

   (He bore the name 'Genesis'.)

⑪ Who bears the life-time tax burden?

       (accept)

   (be responsible for)

⑫ I was afraid I wouldn't be able to bear that kind of humiliating.

⑬ Black people continue to bear the racial discrimination by the fact that they are Negro.

⑭ Most people tend to bear their anger in front of the public place.

⑮ If you would leave me alone, I couldn't bear it.

                       (stand)

⑯ I can't bear people smoking inside the restaurant.

⑰ Bear in mind that you should finish your work by tomorrow.

   (keep that in your mind)

⑱ The developed countries should bear the responsibility for the environmental problems.

⑲ Try to be diet on you, or your leg couldn't bear your weight.

                       (support)

⑳ The plate color of diplomat's car bears a yellow symbol.

㉑ She might not be able to bear children, because she was born in very weak health condition.

㉒ In the U.S, It is legal to bear guns.

㉓ In the court, some people bear witness to the defendant.

㉔ The procecutor have been bearing down on the thief.

㉕ This policy could bear on the poor, not the rich.

㉖ If you would bear out this policy, this project would be carried on.

           (support)

㉗ How have you been bearing up since you get divorced?

㉘ Your travelling will get bored but bear with it.

13. Lay

① put somebody / something down

   (He laid his hand on my shoulder.)

   (They laid a wreath at the place where so many people died.)

② bird / insect

   (The flies lay their eggs on decaying meat.)

③ lay the foundations

   (It was an invention which laid the foundations of modern radio technology.)

④ give information

　(Several proposals have been laid before the committee.)

⑤ risk money

　(I would lay money that he will go on to play for Korea.)

⑥ They lay the ground work for future changes that could well go beyond what this pope foresaw or even wanted.

⑦ He has laid aside money on his account for his old age.

⑧ He has laid claim to his intellectual property.

⑨ We have finished laying down the golf resort.

⑩ I have prepared to lay out $5,000 on your tuition.

⑪ You should have laid up some money against a rainy day.

부록2) 효율적인 영어 공부법
(몸통찾기 → 깃털찾기 → 다지기 → 활용하기)

효율적인 영어 공부법

To learn English, two things are needed :

One is to know the methods of learning English, the other is to execute the methods of learning English.

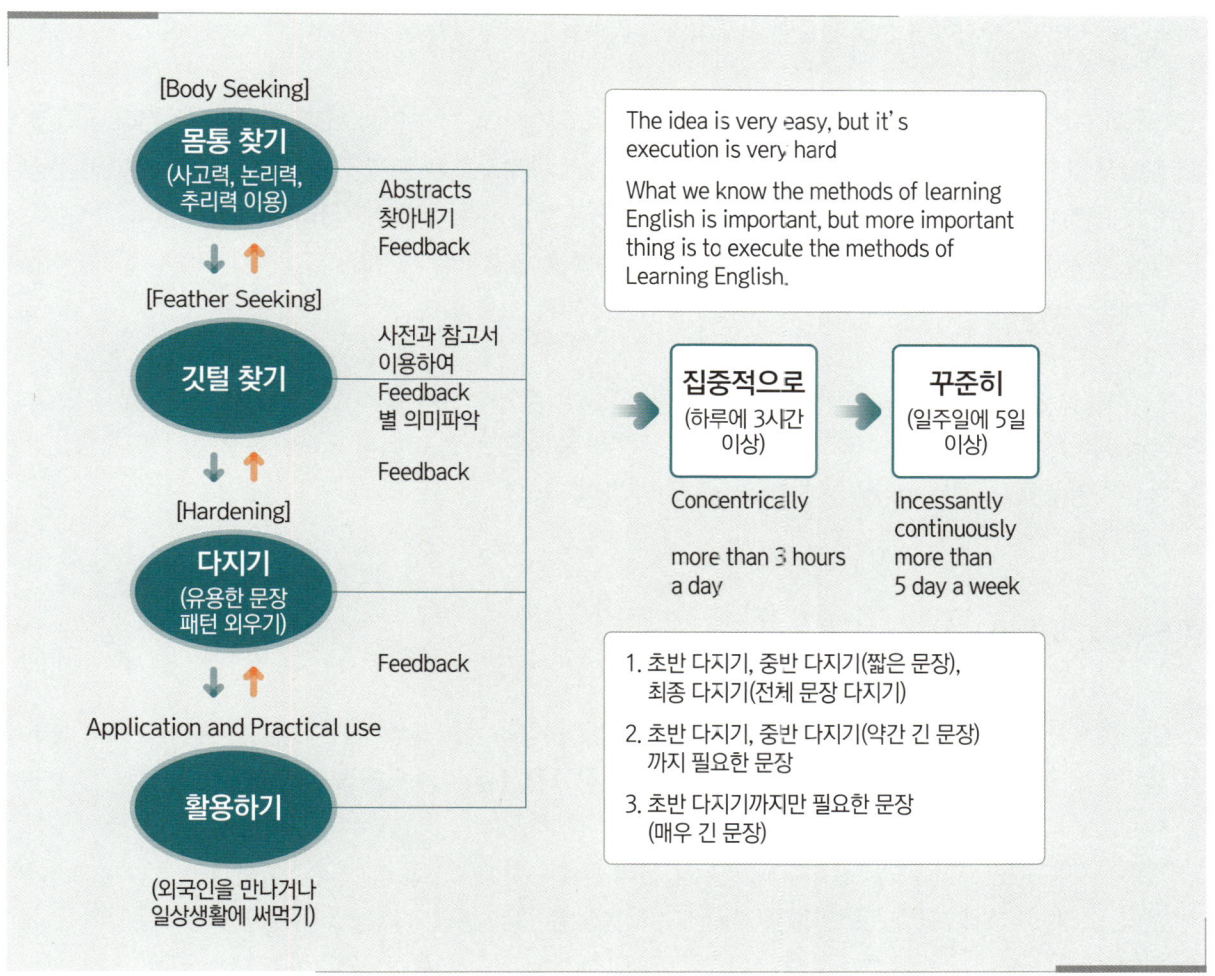

1. 몸통 찾기 방법(Body Seeking)

　영어공부는 전체 문장을 통하여 공부해야 한다. 다시 말하면 간단한 문단을 통하거나, 한 문장을 통한 뜻의 해석이나, 단어의 뜻, 숙어의 뜻을 해석하는 것은 별로 의미가 없다. 어떤 학생들은 한 문장을 통하여 단어나 숙어공부를 하려고 하는 학생이 있다. 이러한 영어공부 방법은 쉽게 말하면 깃털 찾기 식의 영어공부 방법이다.

　몸통 찾기란 어느 한 essay 문장이 있으면, 사전이나 참고서, 또는 어느 누구의 도움 없이 전체의 글을 3번 정도 읽어서 전체의 문장의 요점을 파악하는 것이다. 문장속의 모르는 단어나 숙어도 있을 수 있다. 그렇다고 해서 1번 읽고 나서 모르는 단어나 숙어의 뜻을 사전에서 찾아보면 안된다.

　아울러 자기가 앞뒤 문장, 전후좌우의 단어나 문장을 통하여 모르는 단어나 숙어의 뜻을 추측하는 추리력을 길러야 한다. 사고력과 추리력에 의하여 전체문장에서 요점을 발췌해내는 능력을 길러야 한다. 이러한 사고력과 논리력을 함양하기 위해서는 정치, 경제, 사회, 문화, 종교, 철학에 대한 어느 정도의 상식을 갖추는 것이 매우 중요하다. 이와 같은 다방면에 지식이 전혀 없으면 사고력과 추리력을 발휘하기가 매우 어렵다.

　따라서 특히 몸통 찾기에서 중요한 것은 다른 사람의 도움 없이 자기가 먼저 시도해야 된다는 것이다. 예를 들어서 집에서 자기가 어느 글 또는 essay를 몸통 찾기도 스스로 해보지도 않고 학원이나 학교에서 선생님이 문장을 해석하고 나면 자기 자신의 몸통 찾기는 이미 끝난 것이다. 몸통 찾기란 앞에서 언급하였듯이 사전이나 참고서, 선생님의 도움 없이 자기가 몇 번이고 읽어서 문장의 앞뒤 전후를 연결시켜 자기의 사고와 논리력, 추리력을 이용하여 글 전체의 요점(Abstract)을 알아내는 능력을 기르는 것이다.

　물론 처음에는 수준에 따라서 정확한 몸통 찾기가 50% 수준의 이하가 될 수 있고 50% 이상도 될 수 있다. 독자의 수준에 맞춰서 글의 수준을 골라야 한다. 너무 수준이 높아도 안 좋고 너무 낮아서도 안좋다. 단계별로 수준을 높여 나가면 된다.

2. 깃털 찾기 방법(Feather Seeking)

　깃털 찾기란 몸통 찾기와는 달리 paragraph(문단) 별로 문장의 뜻을 파악하거나 모르는 단어, 모르는 숙어의 뜻을 파악하는 것이다. 몸통 찾기에서는 절대로 사전이나 참고서, 선생님의 도움을 받아서는 안 된다.

　깃털 찾기에는 문단별로 뜻을 분석하되, 앞뒤의 단어 등을 추측하여 모르는 단어와 숙어의 뜻을 Guessing(추측)해 본다. 그리고 나서도 모르겠으면 몸통 찾기에서 사용해 본 앞뒤 문단의 내용을 이해하여 현재 문단의 뜻과 모르는 단어, 모르는 숙어의 뜻을 추측하여 본다. 그래도 이해가 안 가고 모르겠으면 그때 가서 사전이나 참고서, 선생님의 도움을 받아서 뜻을 해석하여 보는 방법이다. 이것이 깃털 찾기의 방법이다.

　우리나라 학생들의 영어공부방법의 단점 중 하나가 몸통 찾기부터 하지 않고, 바로 깃털 찾기에 들어가려고 하는 경향이 있다. 이러한 깃털 찾기식 위주의 영어공부방법은 독자의 사고력, 추리력, 논리력 향상이 될 수 없다. 그리고 깃털 찾기 방법만이라도 제대로 하면 좋은데 몸통 찾기는 고사하고 깃털 찾기도 제대로 안한다. 깃털 찾기도 모르는 단어나 숙어, 해석이 필요하면 나름의 고민과 생각을 한 다음에 사전이나 참고서, 선생님의 도움을 받아야 하는데 모르는 단어, 숙어가 있으면 바로 사전이나 선생님의 힘을 빌리려고 한다. 이러한 성급하고 쉽게 영어공부를 하려고 하면 결국 얻는 것이 없고 자기 자신의 영어공부능력이 떨어지고, 자꾸 남에게 의존하는 영어공부방법을 찾게 된다.

따라서 시중에 나와 있는 영어참고서 중에서 될수 있는한 본인이 노력 안하고도 바로 공부 할수있는 너무나 친절한 영어 참고서에 의존하게 된다. 이러한 영어공부방법은 지금 당장은 쉽고 달콤하지만 장기적으로 보아서는 아무런 도움도 되지 않는다.

모르는 단어, 숙어가 있으면 항상 자기 자신이 직접 사전이나 참고서를 이용해서 알아보아야지, 다른 사람이 옆에 적어 놓은 뜻 가지고 공부하면 영어공부 학습능력이 향상되지 않는다.

영어공부는 항상 80%는 나의힘으로 복습보다는 예습위주로 하고 남이 해놓은 것만 보아서는 안된다.

3. 다지기 방법(Hardening)

다지기 방법이란 몸통 찾기, 깃털 찾기를 하고 나서 어떠한 문장이 많이 사용하는 유용한 패턴이거나, 회화 또는 Writing에 도움이 되는 문장은 발췌해서 소리내서 몇 번이고 읽어서 문장을 외우는 방법이다. 반드시 크게 소리 내서 문장 또는 한문단의 자체가 유용한 패턴이고 쓰임새가 많은 문단이면 크게 소리 내서 읽고, 외울 때까지 반복하여 준다. 이 다지기를 하여 주면, Listening, Speaking, Writing 모두에 도움이 된다. 원래 언어를 자연스럽게 배우는 과정에서는 Listening이 Speaking보다 먼저지만, 그렇지 않은 경우에는 Listening보다 Speaking 연습을 먼저 해주면 많은 도움이 된다. 말할수 있는 문장은 들리기 때문이다.

정확한 발음 연습은 그때그때 찾아서 해줘야 하고 문장을 발음해서 읽을때 주의할것이 문장에서의 단축표현 발음과 연음법칙에 익숙해져야 한다. Listening에서 잘 안 들리는 경우가 압축된 단어의 발음과 연음법칙에 익숙하지 않기 때문이다.

우리나라 학생들이 제일 안하는 것이 다지기 공부이다. 이 다지기는 읍으로 소리내서 외울때까지 해야 되니까 힘들고 시간이 걸리기 때문이다. 그러나 이 다지기를 안하면 평생 Speaking, Writing이 발전할 수 없다. Reading Comprehension은 눈으로만 해서도 가능하다. 많은 우리 나라학생들이 중학교 때부터 눈으로만 영어공부를 하였기 때문에 다지기 공부가 되지 않는다. 다지기 식의 공부가 되지 않으므로 많은 학생들이 Speaking, Writing을 제대로 못하고 편지 한장 제대로 쓰지 못하는 현상이 생기는 것이다.

다지기 공부가 처음에는 힘들지만, 한 걸음 한 걸음 시작하면 짧은 문장에서부터 시작하여 긴 문장, 더긴 문장까지 다지기가 가능하며 나가서는 한문단까지, 더 나가서는 전체 문장까지 다지기가 가능하며, 한번 이 단계에 오르면 다음부터는 쉽게 다지기가 가능해지는 것이다. 예를 들어서, 수영은 처음에는 물에 뜨는 데까지가 힘들지 한 번 수영을 익혀 놓으면 잊어버리지 않고 다음에도 수영을 할 수 있다.

영어공부도 마찬가지이다. 힘들더라도 정석으로 영어공부를 하여야 한다. 다지기를 잘해 놓으면, 이것이 다시 깃털 찾기에 feedback effect를 주고, 이것은 다시 몸통 찾기에 feedback effect를 주는 것이다.

4. 활용하기(Application and practical use)

긴 문장이건 짧은 문장이건 앞에서 설명하였듯이 몸통 찾기를 하고 나서 다음에 깃털 찾기까지 한후에 다지기에 들어간다. 다지기는 초반 다지기, 중반 다지기, 최종 다지기 3종류로 구분할 수 있다.

짧은문장은 초반 다지기를 통해서 문장을 외우는게 효과적이다. 그것도 소리내서 읽어서 발음을 통해서 외워야 한다.

다음에 약간 긴 문장은 몸통찾기, 깃털찾기를 끝내고 초반 다지기, 중반 다지기를 통해서 paragraph 정도를 큰 소래 내서 몇 번이고 읽어서 외운다.

그리고 긴 문장의 essay이나 연설문 등은 몸통 찾기, 깃털 찾기를 끝내고 최종 다지기로 중요한 pattern 문장을 골라서 큰소리 내서 외울 정도로 다지기 하여 준다.

이렇게 다지기가 끝나고 활용하기에 들어간다. 다지기에서 끝내고 활용을 해주지 않으면, 운전면허로 예를 들면 도로주행 연습하고 나서 운전을 하지않아 장롱면허를 만드는 결과가 된다. 다지기 한 문장의 패턴에 단어를 바꿔가면서 여러 가지 형태로 상황에 따라 매일 사용하는 연습 즉, 활용하기를 해주어야 한다. 이렇게 해주면 운전과 마찬가지로 영어를 1년 동안 쉬었다 해도 어색하지만 금방 익숙해진다.

따라서 다지기 한 다음에는 꾸준하게 응용(Application)과 활용(practical use)을 해줘야 한다.

Reading Comprehension 말고는 Listening, Speaking, Writing 실력이 향상되지 않는다.

그리고 외국인을 만나면 절대 두려워하지 말고, 특히 실수에 대한 두려움을 극복하고 말이 되건 안 되건 처음에는 무조건 부닥쳐서 외국인에 대한 두려움을 없애야 한다.

외국어는 시행착오(trial and error)를 통하여 배우는 것이다. 실수를 많이 한 사람이 영어를 빨리 배우게 되어 있다. 아울러 부언하자면, 다지기 없이 활용하기에 접하면 대화에 범위가 한정되어 있고 5분 이상 영어로 이야기하기 힘든 한계점에 이른다.

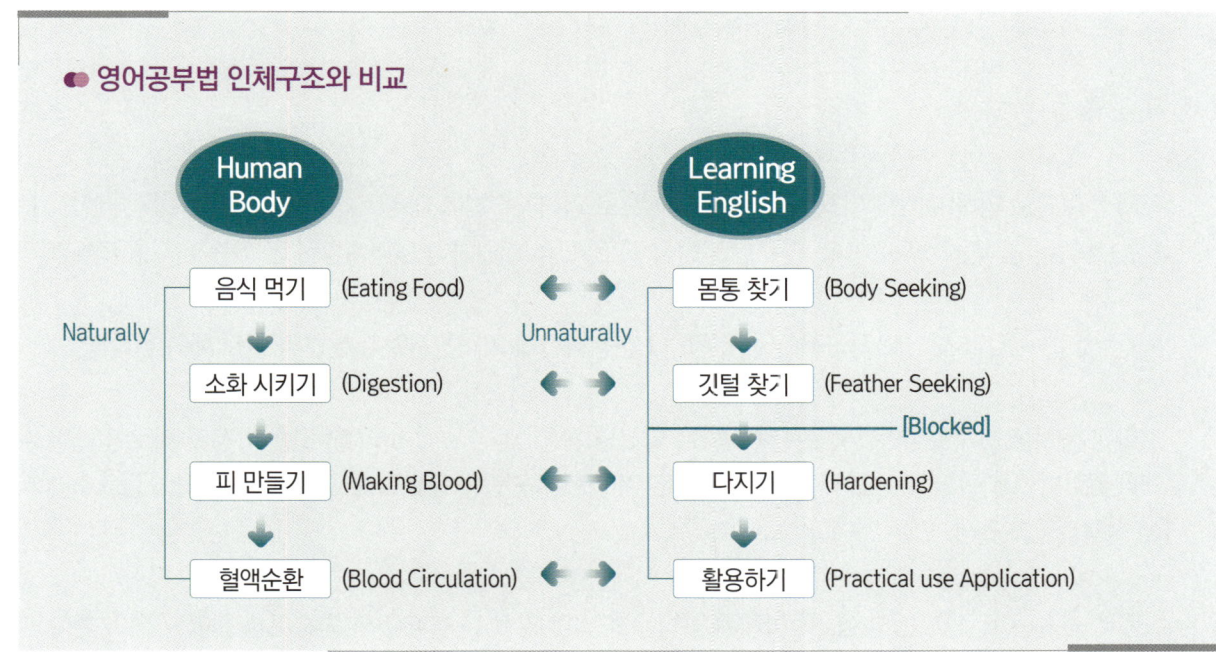

위 그림에서 영어공부 방법을 우리 인체의 구조와 비교하였다. 같은 논리라고 볼 수 있다. 사람은 음식을 섭취하면 위에서 소화를 시키고 소화된 음식물이 피로 만들어지고, 만들어진 피가 온몸에 혈액순환 되어서 건강한 몸을 유지시켜 준다.

그러나 영어공부에 있어서 특히, 우리나라 사람들의 고착화된 영어공부방법은 음식으로 말하면, 먹고 소화 시키는 데만 집중해 왔다.

다시 말하면 몸통 찾기, 깃털 찾기에만 주력하고 다지기, 활용하기에는 소홀하였고 사실 왜 해야 하는지도 몰랐다. 미국인이나 영국인 등은 모국어가 영어이기 때문에 24시간 영어를 사용하고 학교에서 갖가지 공부를 익히기 때문에 자연스럽게 다지기와 활용하기가 잘 되어 진다. 한국 사람이 영어를 못하는 이유가 바로 다지기 공부를 하지 않기 때문이다.

저자는 중·고등학교, 대학교, 직장 그리고 유학 준비를 위해서 TOEFL, GRE 공부를 모두 합하여 20년 이상 공부하고, 미국에 유학 가서 석사 2년, 박사 6년을 미국에서하고 돌와왔는데도 불구하고 Reading Comprehension은 되는데 Speaking, Listening, Writing이 안되었다.

그리고 대학교에서 20년간 학생들에게 영어를 가르쳤다.

우리나라 학생들의 문제점은 바로 다지기와 활용하기를 공부하지 않아서 10년 또는 20년 이상 공부를 하여도 Reading, Speaking, Listening, Writing의 균형 잡힌 영어가 되지 않았다.

우리나라 사람들이 착각하는 것이 바로, 인체로 말하면 음식을 덕어서 소화만 시키면 소화된 음식이 바로 피로 만들어지고, 만들어진 피가 자동 혈액 순환이 되는지 알고 있다. 저자 본인도 이러한 착각으로 40년 이상을 이런 식으로 영어공부를 하여 왔고, 또한 이런 식으로 학생들을 가르쳐 왔다.

No Pain, No Gain!

이러한 이유로 인하여 저자가 3년 전부터 본격적으로 영어공부법에 대하여 연구하였다. 바로 문제점이 인체에서 말하는 소화된 음식을 가지고 피로 만드는 방법을 모르고, 이로 인하여 혈액순환이 안 되는 원리를 깨닫게 되었다.

(몸통 찾기 → 깃털 찾기도 가급적이면 학원이나 선생님한테 의지하지말고 본인이 먼저 해야 한다.)

소화된 음식을 가지고 피로 만드는 것은 다시 말하면 몸통 찾기, 깃털 찾기 한 것을 가지고 피로 만들어 주는 것은, 일단 그 방법을 알아야 하고 힘들지만 1년간은 피 만드는 연습을 죽어라고 해야 한다. 그래야 만들어진 피가 있어서 혈액순환이 될 수 있는 것이다.

그런데 문제는 피 만드는 방법, 즉 다지기 방법은 방법만 알고 나서 본인의 의지로 실천에 옮겨야 한다. 학원이나 과외 선생님은 몸통 찾기, 깃털 찾기에는 도움을 줄 수 있으나 절대 다지기(피 만들기)와 활용하기(혈액순환)에는 전혀 도움을 줄 수 없다.

또 한 가지 착각하는 것은 소화된 음식을 갖고 피로 만들기 전에 혈액순환 시키려고 하는 사람들이 있다. 이러한 사람들이 바로 영어회화학원이나 외국인 상대를 많이하면 혈액순환이 되는지 아는데 이러한 생각은 절대 오산이다. 본인도 대학교때 미8군에서 3년간 외국인한테 영어회화를 배웠다. 그러나 결과는 거의 얻은것이 없다. 바로 본인 자신이 다지기(피 만들기)는 하지 않고 혈액순환만 시키려고 착각한 것이다. 이것이 바로 우리가 흔히 말하는 맨땅에 헤딩하는 꼴이 되는 것이다.

영어를 제대로 하려면 다지기(피 만들기)가 대단히 힘들지만 1년만 열심히 해주면 그 다음부터는 영어가 매우 수월해진다. 이 1년 고생을 안 하기 때문에 평생 영어가 제대로 되지 않는다.

Memo